指導要録記入例&通知表文例が満載！

新３観点の評価づくり
完全ガイドブック

菅　正隆 編著

小学校

外国語

JN040212

明治図書

はじめに
大阪樟蔭女子大学教授　菅　正隆

　本書は，『指導要録記入例＆通知表文例が満載！小学校外国語活動新３観点の評価づくり完全ガイドブック』（明治図書）に次ぐ，高学年の教科「外国語」における評価の在り方を詳細に示した一冊である。2020（令和２）年４月より，高学年で実施されている科目「外国語」は，教科として初めて教育課程に組み込まれたことから，指導の在り方や評価の在り方で悩んでいる教師は多い。そこで本書では，指導の在り方，評価方法，評価規準の作成方法，そして評定の出し方まで，具体的に，痒いところに手が届くように解説を試みている。

　さて，評価に関しては，文部科学省『小学校，中学校，高等学校及び特別支援学校等における児童生徒の学習評価及び指導要録の改善等について（通知）』（平成31年３月29日）の中で学習評価の課題と改善の基本方針が示されている。特に課題については，以下の５点が示されている。

・学期末や学年末などの事後での評価に終始してしまうことが多く，評価の結果が児童生徒の具体的な学習改善につながっていない。
・現行の「関心・意欲・態度」の観点について，挙手の回数や毎時間ノートをとっているかなど，性格や行動面の傾向が一時的に表出された場面を捉える評価であるような誤解が払拭しきれていない。
・教師によって評価の方針が異なり，学習改善につなげにくい。
・教師が評価のための「記録」に労力を割かれて，指導に注力できない。
・相当な労力をかけて記述した指導要録が，次の学年や学校段階において十分に活用されていない。

　そして，これらの課題に対して，学習評価の改善の基本方針として次のようにまとめられている。

　学校における働き方改革が喫緊の課題となっていることも踏まえ，次の基本的な考え方に立って，学習評価を真に意味のあるものとすることが重要であること。
　①児童生徒の学習の改善につながるものにしていくこと
　②教師の指導改善につながるものにしていくこと
　③これまで慣行として行われてきたことでも，必要性・妥当性が認められないものは見直していくこと

　この①から③は常に評価の在り方の基礎基本とされてきたものであり，評価に労力をかけすぎることなく，細かな点（子ども達の一挙手一投足）に注視することなく，適切な評価をする

ことである，と言っているようにも見える。指導をしっかりした上での評価であり，常に指導と評価の一体化を意識することとすれば，これは理解できることである。

　つまり，指導と評価を通して子ども達に身に付けさせたい力は，総論（基となる力）として，他の教科同様，『生きる力』の育成であり，そして，各論（具体的に身に付けるべき力，観点）は，①知識・技能，②思考・判断・表現，③主体的に学習に取り組む態度である。特に，昨今，「考えようとしない子ども」「考える力が低下した子ども」「判断できない子ども」「言葉を上手く使えない子ども」など，巷間で耳にする子どもの課題が増加傾向にあり，それらに歯止めをかける意味でも，思考・判断・表現の重要性が叫ばれている。それが，今回の評価の考え方に如実に表れている。

　これらを考えると，これまで高学年で行ってきた外国語活動の授業を根本的に考え直さなければならない。「外国語活動は楽しければよい」「ゲームばかりのお遊びの授業」「ピーチクパーチクの英語ごっこの授業」などと揶揄された授業から脱却する必要がある。まさに，fun から interesting の知的な学びを通した楽しい授業にしていかなければならない。しかも，子ども達が教師から一方的に教えられる受け身的な授業の形態ではなく，子ども達自らが考える場面や子ども達同士で創作する場面などをふんだんに盛り込んだ授業の構築（主体的・対話的で深い学び）が求められる。これらは，既に出版した『日々の授業から校内研修・研究授業までフルサポート！小学校外国語活動・外国語授業づくりガイドブック』（明治図書出版）にも詳しい。これと本書とを活用いただければ，小学校における外国語活動と外国語の違いや効果的な指導の在り方，評価方法までもが詳細に理解できる。

　また，小学校外国語は中学校の教科「外国語」につながるものである。高学年の外国語が週2回程度であることから，授業を軽視することは子ども達にリスクを負わせることになる。つまり，小学校の外国語で既に英語嫌いの子どもをつくったり，教師が授業で手を抜くことで，中学校の週4時間の外国語の授業はちんぷんかんぷんになってしまったりと，罪深いことをしてしまうことにもなりかねない。したがって，指導をしっかりと行い，評価はそれを確認するためのもの，そして，次の指導の在り方を考えるための指針となるものである。これらは子どものためでもあり，教師自身の指導力向上にもつながるものである。

　本書では，評価の考え方や目標（①知識及び技能，②思考力，判断力，表現力等，③学びに向かう力，人間性等）の立て方，学習評価（①知識・技能，②思考・判断・表現，③主体的に学習に取り組む態度）の評価規準の作り方，評定の出し方，指導要録の書き方や通知表の書き方まで事細かに例を示している。

　多忙な教師にとって，普段の授業から学期末や学年末における通知表や指導要録作成に至るまでの評価の参考となれば幸いである。

　最後に，本書の執筆を担当した方々は，それぞれの地域で長年に渡り外国語教育に携わってきた先生方である。自信をもってお奨めできる一冊である。

本書の特長と使い方

　本書は，以下の考えに基づいて作成している。

> 　小学校「外国語」5年生，6年生の教科書7種類（NEW HORIZON Elementary［東京書籍］，Here We Go!［光村図書］，Junior Sunshine［開隆堂］，ONE WORLD Smiles［教育出版］，CROWN Jr.［三省堂］，Blue Sky elementary［啓林館］，JUNIOR TOTAL ENGLISH［学校図書］）の中で取り扱われている単元テーマを調べ，最も多く扱われているテーマ，または特別なテーマを各学年10のテーマに絞り，Unit 1 から Unit10に配列し，2学年それぞれ10単元で構成している。
>
> 　したがって，本書は各学校がどの教科書を使用していたとしても，おおむね授業及び評価に対応できるように工夫して作成したものである。これにより，他の教科書のテーマや扱い方も理解でき，幅広い外国語の指導や評価の在り方が分かり，指導力の向上にもつながるものとなっている。

　小学校における「外国語」は，令和2年度から高学年で教科として完全実施され，特に，評価については，学習指導要領の改訂にともない，「知識・技能」「思考・判断・表現」「主体的に学習に取り組む態度」の観点で評価することになった。そこで本書は，小学校学習指導要領（平成29年度告示）解説総則編及び外国語活動・外国語編（平成29年7月），小学校，中学校，高等学校及び特別支援学校等における児童生徒の学習評価及び指導要録の改善等について（通知）（平成31年3月29日），「指導と評価の一体化」のための学習評価に関する参考資料（小学校・中学校）等を参考に作成した。評価規準や評価の計画等では学校で最も使いやすいように工夫して表記していただきたい。また，本書では観点の表記方法に関して，以下の省略表記を用いている。

> 【知】→知識，【技】→技能，【思】→思考・判断・表現，
> 【態】→主体的に学習に取り組む態度

1　Chapter1

　外国語の評価の考え方や評価の観点，評価規準の作成，評定への総括などを解説している。

2　Chapter2

　授業における評価方法，観点別学習状況の評価の進め方，各観点の評価規準の作成のポイント，内容のまとまりごとの評価規準の作成例等，具体的な例を多数提示している。これらを参

考に各学校の実態に応じて内容を検討していただきたい。

3　Chapter3

　指導要録や通知表の記入文例を紹介している。外国語は評定を示すことから，指導要録や通知表には所見欄に授業等での子どもの特筆すべき点を記入する。その解説と文例である。

4　Chapter4（5年生）及びChapter5（6年生）

　教科書（7種類）を活用した授業&評価プランとし，各単元を7時間で構成し，授業案及び評価事例を多数紹介している。特に，単元の指導と評価の計画における評価規準欄には，各時間に1〜3つの評価規準例を提示しているが，これは，あくまでも例であり，評価を行わない時間も含め，各学校の状況によって検討していただきたい。

Chapter4 Unit1（pp.56-61）

p.56

p.57

p.58

p.59

p.60

p.61

小学校5年生外国語教科書ラインナップ（著者調べ）

5年生 Unit, Lesson	東京書籍 NEW HORIZON Elementary	光村図書 Here We Go!	開隆堂出版 Junior Sunshine	教育出版 ONE WORLD Smiles	三省堂 CROWN Jr.	啓林館 Blue Sky elementary	学校図書 JUNIOR TOTAL ENGLISH
1	Hello, friends. 名前や好きなものを言って、自己紹介をしよう。名刺交換をすることができる。	Hello, everyone. 名前や好きなものを言って、自己紹介をしよう。	Nice to meet you. 名刺交換をしよう。	Nice to meet you. 自己紹介しよう	I have many yo-yos. わたしのコレクション [自己紹介]	My birthday is May 10th. 行事・好きな日	What sport do you like? 自己しょうかい
2	When is your birthday? バースデーカードをおくろう。誕生日や好きなことをたずね合うことができる。	When is your birthday?	When is your birthday?	When is your birthday?	I can jump high. こんなこと、できること？ [できること・とくいなこと]	I study math on Monday. 学校生活・教科	How many CDs do you have? 数・ねだん
3	What do you want to study? 教科や曜日など時間割を紹介しよう。時間割について伝えることができる。	What do you have on Mondays?	What do you have on Mondays?	What do you have on Monday.	She is a cook. あの人はだれ？ [友だちや家族の紹介]	I sometimes walk the dog. 1日の生活	What do you have on Fridays? 教科・習い事
4	He can bake bread well. 身近な人紹介カードを作ろう。家の手伝いや1日の生活についてたずね合うことができる。	What time do you get up? 1日の生活を紹介しよう。	Can you do this? プロフィールカードを作ろう。	This is my dream day. 自由な一日の過ごし方を伝えよう	I get up at 7:00. 1日の生活 [一日にすること・ときの時間]	She can sing well. できること	Where is the beach ball? 位置・道案内
5	Where is the post office? オリジナルタウンで道案内しよう。自分や他の人ができることやできないことを紹介することができる。	He can run fast. She can do kendama. 自分や他の人ができることやできないことを紹介することができる。	Where is your treasure? 宝物への道案内をしよう。	I can run fast. みんなの「できること」を集めよう	I play soccer on Mondays. 月曜には何をする？ [ふだん、よくすること]	This is my sister. 身近な人のしょうかい	What time do you get up on Sundays? 一日の生活
6	What would you like? ふるさとメニューを注文しよう。料理を注文したり、ねだんをたずねたりする受け答えができる。	I want to go to Italy. 行きたい国やそこでできることを紹介することができる。	My Hero あこがれの人やできることを紹介しよう。	Where do you want to go? 行ってみたい都道府県を伝えよう	It is in the box. さがしものは、どこ？ [位置や場所]	I want to go to France. 行きたい国	Can you walk on *takeuma*? できること
7	Welcome to Japan. 日本の四季をポストカードで紹介しよう。場所をたずねたり、道案内をしたりできる。	What would you like?	Happy New Year 年賀状を作ろう。	I'd like a pizza. オリジナル・メニューをつくろう	I want to go to Kenya. 行ってみたいところ [行きたい国]	Where's the park? 位置・場所	When is your birthday? 誕生日・ほしいもの
8	Who is your hero? ヒーローを紹介しよう。身近なある人を紹介することができる。	Where is the gym? 場所をたずねたり、道案内をしたりできる。	What would you like? ランチメニューを考えよう。	Where is the station? 目的地への行き方を伝えよう		I'd like pizza. 料理・金額	What would you like? 食べ物の注文
9	日本のことを紹介しよう。職業や性格などを言って、身近なあこがれの人を紹介することができる。	My hero is my brother. 職業や性格などを言って、身近なあこがれの人を紹介することができる。	I love my town. 自分の町しょうかいをしよう。	This is my dream friend. 友達になってみたい人をしょうかいしよう			Where do you want to go? 国・地域
10							Who is your hero? あこがれの人

EXTRA

東京書籍 NEW HORIZON Elementary
- Open the Door 1 / 自分のことを紹介しよう
- Open the Door 2 / 地域のことを紹介しよう
- Open the Door 3 / 日本のことを紹介しよう
- Check Your Steps 1 / 外国の人に自己紹介をしよう
- Check Your Steps 2 / 地域のおすすめを紹介しよう
- Check Your Steps 3 / 「日本のすてき」を紹介しよう

光村図書 Here We Go!
- Review 世界の友達1
- Project 1 パーティーを楽しもう（復習）
- Review 世界の友達2
- Project 2
- Review 世界の友達3

開隆堂出版 Junior Sunshine
- Project 1 パーティーを楽しもう（復習）
- Project 2
- 自分のことを伝えよう。（復習）

教育出版 ONE WORLD Smiles
- Let's Read and Act 1 / 大事なことを伝えよう
- Let's Look at the World 1
- Welcome to Japan / 名所・名物マップ
- Let's Read and Act 2 / A Good Ideal
- Let's Look at the World 2
- My Word Bank
- Let's Enjoy the Music

三省堂 CROWN Jr.
- Hello! (Get Ready 1) / ようこそ！
- Hello, Mr. Sano! (Get Ready 2) / 教えて、先生のこと
- Welcome to Japan! (Get Ready 3) / 名所・名物マップ
- This is me. (Presentation 1) / 自己紹介、聞いて！ [自己紹介]
- He is a music teacher. (Presentation 2) / 知ってる？先生のこと [先生紹介]
- Mt. Fuji is beautiful. (Presentation 3) / 日本のこと、おすすめ！ [おすすめの場所・こと・もの]

啓林館 Blue Sky elementary
- I'm Hana. Hana. (Pre Unit) / 自己しょうかい・ローマ字
- REVIEW 1
- REVIEW 2
- REVIEW 3
- Who's Behind Me? / Story

小学校6年生外国語教科書ラインナップ（著者調べ）

6年生 Unit. Lesson	東京書籍 NEW HORIZON Elementary	光村図書 Here We Go!	開隆堂出版 Junior Sunshine	教育出版 ONE WORLD Smiles	三省堂 CROWN Jr.	啓林館 Blue Sky elementary	学校図書 JUNIOR TOTAL ENGLISH
1	This is me! 自分についてスピーチをし、出身地や得意なことを言って、自己紹介をすることができる。	This is me. 出身や得意なことを言って、自己紹介をすることができる。	We are friends. クラスの輪を広げよう。	Let's be friends. 自己紹介しよう。	We are from India. おとじしあなた、わたしたち［友だちや家族］	I'm from Tokyo, Japan. 自己しょうかい	I'm from India. 自己しょうかい
2	How is your school life? 世界と日本のつながりを考えよう。	Welcome to Japan. 日本の行事やきつできることを紹介することができる。	What time do you get up? 自分の一日をしょうかいしよう。	My town is beautiful. おすすめの場所	We have Children's Day in May. こどもの日は5月にあります［行事や文化］	Welcome to Japan. 日本のしょうかい	What vegetable do you like? 好きな食べ物
3	Let's go to Italy. 旅行代理店でおすすめの国を紹介することができる。	What do you want to watch? 見たいスポーツをたずね合うことができる。	Where do you want to go? ツアープランナーになろう。	Welcome to Japan. 好きな日本の文化	I went to Hawaii. 夏休みの思い出	I want a big park in our town. 自分だらの町・地域	What festival do you want to see? 日本の祭り
4	Summer Vacations in the World 夏休みの思い出を紹介しよう。	My Summer Vacation 夏休みのできごとや感想を発表することができる。	Welcome to Japan. 日本のことをしょうかいしよう。	My Summer Vacation 夏休みの思い出	I am hungry. 様子や特徴［ものの様子や特徴］	My summer vacation was great. 夏休みの思い出	I went to my grandparents' house. 夏休みの思い出
5	We all live on the Earth. 貨物連鎖（フードチェイン）について発表しよう。世界では生活する人々のことを紹介することができる。	He is famous. She is great. 職業や性格などを言う。世界で活やくする人をできる。	I want to see the Milky Way. 短冊に願いを書こう。	What country do you want to visit? 行きたい国	It was green. 春と秋を比べて［現在の状態と過去の状態］	What did you do last weekend? 週末のできごと	We have a big park. 自分だらの町、地域
6	Let's think about our food. 自分の町にあるものやそこでできることを紹介することができる。オリジナルカレーを発表しよう。	This is my town. 自分の町にあるものやそこでできることを紹介することができる。	My Summer Vacation 夏休みの思い出を発表しよう。	Olympics and Paralympics 世界で活やくするスポーツ選手	I want to be a vet. なりたいもの、何？［つきたい職業］	I enjoyed school. 小学校の思い出	Where do you want to go? 道案内
7	My Best Memory 小学校の思い出のアルバムを発表することができる。	My Best Memory 小学校生活の思い出に残る行事を発表することができる。	See the world. 世界の実情や貧困を知ろう。	My Best Memory 小学校の思い出	At This Moment 今、この瞬間［日本の文化・他国の文化］	I want to be a vet. 将来の夢・職業	What's your best memory? 小学校の思い出
8	My Future, My Dream 夢宣言カードでスピーチしよう。なりたい職業とその理由を言って、将来の夢を発表することができる。	What do you want to be? なりたい職業とその理由を言って、将来の夢を発表することができる。	What sport do you like? 人気のスポーツを調べよう。	What do you want to be? 将来の夢		I want to join the brass band. 中学校生活・部活動	What do you want to be? 将来の夢
9	Junior High School Life 中学校でやりたい部活動や入りたい部活動を発表することができる。	Junior High School Life 中学校でやりたいことを発表することができる。	My Favorite Memory 思い出を絵本にまとめよう。	Junior High School Life あこがれの中学校生活			Who is this? 人物を問う
10		I have a dream. 将来の夢について発表しよう。					What club do you want to join? 中学校に入ったら
11		Junior High School Life. 中学校でやりたいことを発表しよう。					
EXTRA	Open the Door 1 世界の国々を知り、紹介し合おう。	Project 1	Let's Read and Act 1 A Great Ideal		Welcome to our school (Get Ready 1) ようこそ、わたしたちの学校へ	I can speak English. (Pre Unit) 5年生の復習	
	Open the Door 2 世界と日本のつながりを考えよう。	Project 2	Let's Look at the World 1		My Memories (Get Ready 2) こんな思い出、あるよね	REVIEW 1	
	Open the Door 3 中学校への夢を聞こう。	Review 世界の友達 1	Let's Read and Act 2		My Dream (Get Ready 3) かなえたい、わたしの夢	REVIEW 2	
	Check Your Steps 1 世界の国々を知り、紹介し合おう。	Review 世界の友達 2	The Letter		My best memory is... (Presentation 1) 私たちの学校(Presentation 1) 私たちの学校［学校紹介］	REVIEW 3	
	Check Your Steps 2 世界と自分のつながりを紹介しよう。	Review 世界の友達 3	Let's Look at the World 2. 知らない言葉を調べてみよう。		(Presentation 2) 最高の思い出は…［思い出紹介］	Story The Very Big Turnip	
	Check Your Steps 3 寄せ書きのメッセージを伝えよう。		My word Bank		I want to be a... (Presentation 3) 20年後のわたしは...［将来の夢］		
			Let's Enjoy the Music				

CONTENTS

Chapter

外国語の評価の考え方と 新3観点の評価規準作成の ポイント5

Chapter

外国語・新3観点の 評価規準作成マニュアル

Chapter

3

すぐに使える！
新3観点の指導要録記入例＆
通知表の文例集

Chapter

4

実録で分かる！できる！第5学年
新3観点の外国語評価事例10

Chapter
5　実録で分かる！できる！第6学年 新3観点の外国語評価事例10

Chapter

1

外国語の評価の考え方と
新3観点の評価規準作成の
ポイント5

1 評価の考え方と留意点

1 外国語の目標

　外国語の評価について考える際，最も基本に置かなければならないことは，外国語の目標である。学習指導要領における目標は以下の通りである。

> 　外国語によるコミュニケーションにおける見方・考え方を働かせ，外国語による聞くこと，読むこと，話すこと，書くことの言語活動を通して，コミュニケーションを図る基礎となる資質・能力を次のとおり育成することを目指す。（下線部筆者）
>
> (1) 外国語の音声や文字，語彙，表現，文構造，言語の働きなどについて，日本語と外国語との違いに気付き，これらの知識を理解するとともに，読むこと，書くことに慣れ親しみ，聞くこと，読むこと，話すこと，書くことによる実際のコミュニケーションにおいて活用できる基礎的な技能を身に付けるようにする。
>
> (2) コミュニケーションを行う目的や場面，状況などに応じて，身近で簡単な事柄について，聞いたり話したりするとともに，音声で十分に慣れ親しんだ外国語の語彙や基本的な表現を推測しながら読んだり，語順を意識しながら書いたりして，自分の考えや気持ちなどを伝え合うことができる基礎的な力を養う。
>
> (3) 外国語の背景にある文化に対する理解を深め，他者に配慮しながら，主体的に外国語を用いてコミュニケーションを図ろうとする態度を養う。

　ここでいう下線部「見方・考え方を働かせ」「言語活動」「基礎」は以下の通り説明がつく。

・「見方・考え方を働かせ」とは，英語を使って他者とコミュニケーションを図る際には，相手とどのように対峙し，どのような内容を話すのか，相手はどのような人なのか，どのような文化や環境下で生きてきた人なのかなどのさまざまな状況（スキーマ）を考え巡らし，コミュニケーションを行う目的や場面，状況に合わせて，臨機応変に情報や考えを整理しながら，自分の伝えたいこと相手に伝えていくことである。

・「言語活動」とは，言葉を使って，他者と聞いたり話したりしながら，意思疎通を図ることであるが，外国語では，英語の語彙や表現などの言語材料を用いて実際に使えるように（活用できるように）するために行う体験的な活動のことを言語活動という。

・「基礎」とは，小学校中学年で養われるコミュニケーションを図る素地（情意面：英語を楽しいと感じる気持ち，積極的に英語を使ってみようとする気持ち等）の上に立って，実際に他者と意思疎通ができる程度のコミュニケーションを図るための資質や能力の基礎的部分を表している。音声や文字，語彙や表現などの基礎的知識や，それらを実際のコミュニケーションに活用できる基礎的技能，そして，自分の考えや伝えたいことを戦略的に相手に伝えることができる基礎的能力のことであり，これらを育てることが外国語の目標の中心となっている。

2 評価の在り方

先に掲げた外国語の目標に沿って，指導（授業指導）が行われるが，指導と評価の一体化と言われるように，しっかりと指導ができて初めて評価（学習評価）ができるのである。評価とは，子どもの学習の状況が目標のどの程度まで達しているのかを適切に見取り，子どもの学習の改善や教師の指導の在り方を見直すことに利用するものである。学習指導要領「第1章総則第3　教育課程の実施と学習評価　2　学習評価の充実」には以下のようにある。

> (1)　児童のよい点や進歩の状況などを積極的に評価し，学習したことの意義や価値を実感できるようにすること。また，各教科等の目標の実現に向けた学習状況を把握する観点から，単元や題材など内容や時間のまとまりを見通しながら評価の場面や方法を工夫して，学習の過程や成果を評価し，指導の改善や学習意欲の向上を図り，資質・能力の育成に生かすようにすること。
>
> (2)　創意工夫の中で学習評価の妥当性や信頼性が高められるよう，組織的かつ計画的な取組を推進するとともに，学年や学校段階を越えて児童の学習の成果が円滑に接続されるように工夫すること。

これらからも分かるように，評価の在り方とは以下の3点にまとめられる。

①子どもの学習改善につなげるもの

・評価から，子ども自身が次の学習に向かうようにするもの

②教師の指導改善につなげるもの

・評価から，指導の在り方を見直し，子どもの状況に合致しているかを考える素材

③複合的に指導の抜本的改革のためのもの

・指導を取り巻く環境も含め，複合的に考えるエビデンスとして（例えば，1時間目の授業では，効果が期待できない等）用いるもの

また，適切な評価を行うためには，ＰＤＣＡサイクルが学校や学年で共有化でき，指導は指導，評価は評価などと一つの行程ばかりに固執せず，評価は目標達成のための一つの流れの一部であると考えることである。外国語においても以下のサイクルが成り立つ。

授業改善，評価の見直し等

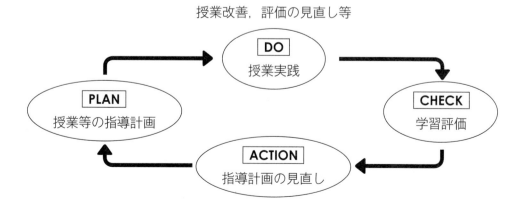

2 評価の観点について

1 評価の基本的な構造

　今回の学習指導要領においては，平成20年度改訂，平成23年度実施の前学習指導要領の外国語活動の目標とは観点が大きく異なり，新たに次のように整理されている。

　目標は以下の三点である。

①知識及び技能

②思考力，判断力，表現力等

③学びに向かう力，人間性等

これらを目標の中の資質・能力に照らし合わせると以下のようになる。

①知識及び技能

(1)外国語の音声や文字，語彙，表現，文構造，言語の働きなどについて，日本語と外国語との違いに気付き，これらの知識を理解するとともに，読むこと，書くことに慣れ親しみ，聞くこと，読むこと，話すこと，書くことによる実際のコミュニケーションにおいて活用できる基礎的な技能。

②思考力，判断力，表現力等

(2)コミュニケーションを行う目的や場面，状況などに応じて，身近で簡単な事柄について，聞いたり話したりするとともに，音声で十分に慣れ親しんだ外国語の語彙や基本的な表現を推測しながら読んだり，語順を意識しながら書いたりして，自分の考えや気持ちなどを伝え合うことができる基礎的な力。

③学びに向かう力，人間性等

(3)外国語の背景にある文化に対する理解を深め，他者に配慮しながら，主体的に外国語を用いてコミュニケーションを図ろうとする態度。

　また，観点は次のように整理されている。

評価の観点

【平成20年改訂】（外国語活動）

コミュニケーションへの関心・意欲・態度	外国語への慣れ親しみ	言語や文化に関する気付き

↓

【平成29年改訂】（外国語）

知識・技能	思考・判断・表現	主体的に学習に取り組む態度

＋

個人内評価（形成的評価）

---

2 3つの観点の評価について

(1)「知識・技能」の評価について

　英語教育における知識・技能と言えば，知識面では，例えば，中学校や高等学校で経験した，英単語をいくつ覚えているか，文法事項を知っているかなどが思い浮かべられる。技能面では，正しい発音ができるか，相手に伝わる表現を身に付けているかなどが考えられる。これらは，授業で習得すべき技能として指導が行われている場合には観点としては間違ってはいない。つまり，「知識」面では，授業の中で指導した習得すべき知識や重要な概念等を理解しているかを評価し，「技能」面では，授業の中で指導した習得すべき技能が身に付いているかを評価するのである。外国語に照らし合わせると，例えば，次のようになる。

- ・音声や文字，語彙，表現，文構造，言語の働きなどを理解しているか。（知識面）
- ・「読むこと」「書くこと」における基礎的事柄（書き写す等）ができているか。（技能面）
- ・実際のコミュニケーションにおいて活用できる技能を身に付けているか。（技能面）

(2)「思考・判断・表現」の評価について

　この観点は，今回の学習指導要領で最も重要視されているものである。それは，「考えられる子」「しっかりと自分の考えを伝えられる子」の育成が求められているからである。これまでの高校や大学の入試においては，多くの場合，単語力や文法力等を問う問題で評価していたが，これからは，思考し，判断し，言葉で表現する能力を評価する時代である。つまり，授業等で得た知識や技能を用いて（活用して），課題や問題を解決するために考え，判断した上で発信しているかを評価していくことになる。外国語に照らし合わせると，以下のようになる。

- ・身近で簡単な事柄について，外国語で聞いたり話したりすることができているか。
- ・語彙や表現を推測しながら読んだり，語順を意識したりして書くことができているか。
- ・自分の考えや気持ちなどを伝えることができているか。

(3)主体的に学習に取り組む態度

　この観点は，以前の「関心・意欲・態度」に近いものである。これには，二つの要素が考えられる。一つは，知識や技能を身に付けるためや，思考力，判断力，表現力を向上させるために，自ら進んで学んだり，積極的に活動に参加したりするなど，学びに向かおうとしている面と，二つ目には，大人しい性格の子どもが日々努力して進歩していたり，支援の必要な子どもに寄り添って一緒に活動に参加しているなどの面である。この場合，前者は「主体的に学習に取り組む態度」の観点で評価し，後者は，個人内評価として評価していく。そして，前者では，「知識及び技能を獲得したり，思考力，判断力，表現力等を身に付けたりするために粘り強い取組を行おうとしている側面」や「粘り強い取組を行う中で，自らの学習を調整しようとする側面」を評価することになる。これらを外国語に照らし合わせると，以下のようになる。

- ・言語やその背景にある文化に対する理解を深めようとしているか。
- ・他者に配慮しながら，主体的に外国語でコミュニケーションを図ろうとしているか。

3 評価規準の作成に向けて（学年別の目標及び評価規準）

1 評価規準の作成について

単元ごとの評価規準を作成する際には，次の順で学校または学年で作成することとなる。

(1)学習指導要領の目標の確認（２年間の目標の確認）

(2)学校ごとの年間目標の設定（５年生，６年生別の目標の設定）

(3)学年ごとの評価規準の作成（５年生，６年生別の評価規準の設定）

(4)学習指導要領における内容のまとまり（五つの領域）の学年別目標の設定

(5)学習指導要領における内容のまとまり（五つの領域）の学年別評価規準の設定

これらに基づき，具体的に単元ごとの評価規準の作成に進む。

(6)単元ごとの目標の設定

(7)単元ごとの評価規準の作成（内容のまとまり（五つの領域）と三つの観点）

学習指導要領における目標は，２年間の外国語を通した目標である。つまり，外国語が５年生から始まり，６年生の終了時までに身に付けておかなければならないものが書かれている。学校としては，この目標を達成するために，１年ごとの目標を設定しなければならない。５年次の１年間の目標と６年次の１年間の目標をそれぞれ設定し，最終的に学習指導要領の目標に到達することが求められる。この１年ごとの目標を設定するためには，学校の状況，子どもの実状を十分に配慮しながら設定することである。あまり高い目標を設定したり，容易に達成できそうな目標を設定したりすることは，能力の向上を図ることは難しくなり，時には授業崩壊をも引き起こすきっかけになりかねない。なお，目標の文末は「～する」とする。

例えば，学習指導要領の目標を勘案して，学年ごとに次の目標を設定してみる。

【5年】

外国語の音声や文字，語彙，表現，文構造，言語の働きなどについて，日本語と外国語との違いに気付き，これらの知識を理解するとともに，コミュニケーションを行う目的や場面，状況などに応じて，身近で簡単な事柄について聞いたり話したりして，外国語の背景にある文化に対する理解を深める。

【6年】

簡単な語句や基本的な表現を用いて，読むこと，書くことに慣れ親しみ，音声で十分に慣れ親しんだ語彙や表現を推測しながら読んだり，語順を意識しながら書いたりして，自分の考えや気持ちなどを伝え合うことができる基礎的な力を養うとともに，他者に配慮しながら，主体的に外国語を用いてコミュニケーションを図りながら，聞くこと，読むこと，話すこと，書くことによる実際のコミュニケーションにおいて活用できる基礎的な技能を身に付けるようにする。

これらを基に，５年生及び６年生の評価の観点及びその趣旨を作成してみる。

【5年生評価の観点及びその趣旨】

知識・技能	思考・判断・表現	主体的に学習に取り組む態度
〈知識〉 外国語の音声や文字，語彙，表現，文構造，言語の働きなどについて理解している。 〈技能〉 簡単な語句や基本的な表現を用いて聞いたり話したりする技能を身に付けている。	コミュニケーションを行う目的や場面，状況などに応じて，身近で簡単な事柄について聞いたり話したりして，自分の考えや気持ちを伝え合っている。	外国語の背景にある文化に対する理解を深めようとしている。

【6年生評価の観点及びその趣旨】

知識・技能	思考・判断・表現	主体的に学習に取り組む態度
〈知識〉 簡単な語句や基本的な表現を理解している。 〈技能〉 聞くこと，読むこと，話すこと，書くことによる実際のコミュニケーションにおいて活用できる基礎的な技能を身に付けている。	音声で十分に慣れ親しんだ外国語の語彙や基本的な表現を推測しながら読んだり，語順を意識しながら書いたりして，自分の考えや気持ちなどを伝え合っている。	他者に配慮しながら，主体的に外国語を用いてコミュニケーションを図ろうとしている。

2 内容のまとまりごとの評価規準の作成

　外国語における「内容のまとまり」とは学習指導要領に示されている「五つの領域」のことである。これらの目標は以下の通りである。

(1)聞くこと
　ア　ゆっくりはっきりと話されれば，自分のことや身近で簡単な事柄について，簡単な語句や基本的な表現を聞き取ることができるようにする。
　イ　ゆっくりはっきりと話されれば，日常生活に関する身近で簡単な事柄について，具体的な情報を聞き取ることができるようにする。
　ウ　ゆっくりはっきりと話されれば，日常生活に関する身近で簡単な事柄について，短い話の概要を捉えることができるようにする。
(2)読むこと
　ア　活字体で書かれた文字を識別し，その読み方を発音することができるようにする。
　イ　音声で十分に慣れ親しんだ簡単な語句や基本的な表現の意味が分かるようにする。

(3)話すこと［やり取り］

ア　基本的な表現を用いて指示，依頼をしたり，それらに応じたりすることができるようにする。

イ　日常生活に関する身近で簡単な事柄について，自分の考えや気持ちなどを，簡単な語句や基本的な表現を用いて伝え合うことができるようにする。

ウ　自分や相手のこと及び身の回りの物に関する事柄について，簡単な語句や基本的な表現を用いてその場で質問をしたり質問に答えたりして，伝え合うことができるようにする。

(4)話すこと［発表］

ア　日常生活に関する身近で簡単な事柄について，簡単な語句や基本的な表現を用いて話すことができるようにする。

イ　自分のことについて，伝えようとする内容を整理した上で，簡単な語句や基本的な表現を用いて話すことができるようにする。

ウ　身近で簡単な事柄について，伝えようとする内容を整理した上で，自分の考えや気持ちなどを，簡単な語句や基本的な表現を用いて話すことができるようにする。

(5)書くこと

ア　大文字，小文字を活字体で書くことができるようにする。また，語順を意識しながら音声で十分に慣れ親しんだ簡単な語句や基本的な表現を書き写すことができるようにする。

イ　自分のことや身近で簡単な事柄について，例文を参考に，音声で十分に慣れ親しんだ簡単な語句や基本的な表現を用いて書くことができるようにする。

　これらの「内容のまとまり」（五つの領域）も２年間で達成するべき目標である。したがって，これらも厳密には各学校で，各学年の「内容のまとまり」の目標を設定することから始め，その上で，「内容のまとまり」ごとの評価規準を作成しなければならない。そして，最終的に，学年ごとの目標に沿った学年ごとの評価規準は，「内容のまとまり」ごとの評価規準を踏まえて，３観点で記述することになる。例えば，以下のような表で示すことになるが，これらの評価規準を作成することは非常に煩雑で，効果を考えると割愛することも一考である。

　例えば，「聞くこと」の評価規準の表は次のようになる。

【５年「聞くこと」の評価規準】

		知識・理解	思考・判断・表現	主体的に学習に取り組む態度
聞くこと	〈知識〉		○○○○○○○○○○○○	○○○○○○○○○○○○○○
	○○○○○○○○○○○○		○○○○○○○○○○○○	○○○○○○○○○○○○○○
	〈技能〉		○○○○○○○○○○○○	○○○○○○○○○○○○○○
	○○○○○○○○○○○○		○○○○○○○○○○○○	○○○○○○○○○○○○○○

4 評価規準の作成に向けて（単元ごとの目標及び評価規準）

　学年ごとの目標や評価規準が設定された後に，各単元の目標と評価規準を設定することとなる。外国語においては，中学校や高等学校の外国語とは異なり，ペーパー試験などでの数値による評価が難しいことから，主に文言で評価規準を作成することになる。その際の表現はある程度統一する必要がある。具体的には以下の通りである。

1　目標の設定

　目標を設定する場合には，単元を通して，子どもに身に付けさせたい点について，三つの観点と内容のまとまり（五つの領域）とを勘案しながら明記する必要がある。文末には「〜する」「〜しようとする」「〜できる」「〜できるようにする」などの表現を使用する。

2　評価規準の設定

　単元ごとの評価規準は，単元の目標を踏まえて設定するが，その際，各単元で取り扱う題材や言語材料，単元で行われる言語活動などについて，三つの観点と内容のまとまりとを総合的に勘案しながら設定することになる。その際の文書の書き分け方は，次のようになる。

【聞くこと】

（知識・技能）:

　〈知識〉「〜について，〜している」；知っている。分かっている。理解している。

　〈技能〉「〜について，〜している」；技能を身に付けている。

（思考・判断・表現）:「〜について，〜している」；聞いて理解している。概要を捉えている。

（主体的に学習に取り組む態度）:「〜について，〜しながら，〜しようとしている」；聞こうとしている。聞いて理解しようとしている。概要を捉えようとしている。

【読むこと】

（知識・技能）:

　〈知識〉「（アルファベットの活字体の文字等）について，〜している。」；知っている。分かっている。理解している。

　〈技能〉「（アルファベットの活字体の文字等）について，〜している」；技能を身に付けている。（慣れ親しんでいる。）

（思考・判断・表現）:「〜に応じて，〜したりして，〜について，〜している」；読んでいる。発音している。識別している。読んで，意味が分かっている。

（主体的に学習に取り組む態度）:「〜応じて，〜について，〜しようとしている」；読もうとしている。意味を分かろうとしている。

【話すこと［やり取り］】

（知識・技能）：

〈知識〉「〜について，〜している」；気付いている。知っている。理解している。

〈技能〉「〜について，〜を用いて，〜している」；技能を身に付けている。

（思考・判断・表現）：「〜に応じて，〜するために，〜について，〜している」；伝え合っている。紹介している。話し合っている。

（主体的に学習に取り組む態度）：「〜に応じて，〜について，〜しながら，〜しようとしている」；伝え合おうとしている。紹介しようとしている。話し合おうとしている。

【話すこと［発表］】

（知識・技能）：

〈知識〉「〜について，〜している」；気付いている。知っている。理解している。

〈技能〉「〜について，〜を用いて，〜している」；技能を身に付けている。

（思考・判断・表現）：「〜するために，〜について，〜している」；発表している。話している。

（主体的に学習に取り組む態度）：「〜に応じて，〜について，〜しながら，〜しようとしている」；発表しようとしている。話そうとしている。

【書くこと】

（知識・技能）：

〈知識〉「（アルファベットの活字体の文字や語句，表現等）について，〜している」；知っている。分かっている。理解している。

〈技能〉「（アルファベットの活字体の文字や語句，表現等）について，〜している」；技能を身に付けている。（慣れ親しんでいる。）

（思考・判断・表現）：「〜に応じて，〜したりして，〜について，〜している」；書き写している。書いている。

（主体的に学習に取り組む態度）：「〜について，〜しようとしている」；書き写そうとしている。書こうとしている。

2 単元の評価規準

単元の評価規準は，例えば，次のような表（マトリックス）で表すことができる。

	知識・理解	思考・判断・表現	主体的に学習に取り組む態度
聞くこと	〈知識〉 ○○〜理解している。 〈技能〉 〜技能を身に付けている。	○○○○○○○○○○○○ ○○○○○○○○○○○○ ○○○○○○○○○○○○ ○〜概要を捉えている。	○○○○○○○○○○○○○○○ ○○○○○○○○○○○○○○○ ○○○○○○○○○○○○○○○ 〜概要を捉えようとしている。

5 評価の評定への総括について

1 評価計画の重要性

　授業では，評価規準に照らして観点別学習状況の評価の記録を取ることになる。記録を取るのはいつか，どのような方法で取るのか等を事前に計画を立てていくことが大切である。かつて，教師が評価のための「記録」に労力を割かれて指導に注力できなかったり，挙手の回数や毎時間ノートをとっているかなど，本来の評価とかけ離れた評価が行われた状況があった。子どもを適切に評価するためにも，評価の計画は重要である。

2 観点別学習状況の評価に係る記録の総括

　評価の計画をもとに，単元末，学期末，学年末に観点別学習状況の評価に係る記録の総括を行う必要がある。その際，観点別学習状況を観点ごとに3つに区別する。

「十分に満足できる」状況と判断されるもの：A

「おおむね満足できる」状況と判断されるもの：B

「努力を要する」状況と判断されるもの：C

そして，これらを総括する場合に，記録が複数ある場合には，次のように考える。

・評価結果のA，B，Cの数を基に総括する場合

　何度か行った評価の中で，A，B，Cの数が最も多いものを総括する方法である。例えば，3回の評価が「ABB」であった場合はBと総括し，「ABC」などのように三つの記号が混在する場合などには，事前に学校で総括のルールを決めておく必要がある。

・評価結果のA，B，Cを数値に置き換えて総括する場合

　何度か行った評価の中で，例えば，A＝3，B＝2，C＝1のように数値化して，合計を平均化して，総括する方法である。そして，総括の範囲を事前に学校でルール化しておく。例えば，Bの範囲を［2.5≧平均値≧1.5］と定めると，「ABB」の平均値は，約2.3［（3＋2＋2）÷3］で総括の結果はBとなる。

3 観点別学習状況の評価の評定への総括

　評定は，観点別学習状況の評価を総括した数値を示すものである。評定への総括は，通常，学年末に行われることが多い。その際，評定は，学習指導要領の目標に照らして，その実現状況を三つに区別する。

「十分に満足できる」状況と判断されるもの：3

「おおむね満足できる」状況と判断されるもの：2

「努力を要する」状況と判断されるもの：1

　評定は，学習の状況を総括的に評価するものであり，「観点別学習状況」において示されて

いる観点は分析的な評価を行うものであり，評定を行う場合の基本的な要素となりうるものである。この点に関して，若干，都道府県や市町村ごとに異なることもある。また，評定の適切な決定方法等に関しては，各学校において定めることとなっている。

　観点別学習状況の評価の評定への総括は，先に述べた各観点の評価結果をA，B，Cの組み合わせに基づいて総括する場合と，A，B，Cを数値で表したものに基づいて総括して，その結果を3段階で表す場合とがある。A，B，Cの組み合わせから評定に総括する場合，例えば，「BBB」であれば2を基本とし，「AAA」であれば3，「CCC」であれば1が適当である。これ以外の場合には，例えば，「AAB」の場合は3か2か，「BCC」の場合は2か1かなど，それぞれの評価の観点や内容にもよるところが大きいので，あらかじめ各学校においてルールを定めておく必要がある。特に，学習状況には幅があるために，機械的に評定を算出することは適当でない場合も考えられる。

　そして，最終的に評定は小学校学習指導要領等に示す目標に照らして，その状況を「十分満足できる」状況と判断されるものを3，「おおむね満足できる」状況と判断されるものを2，「努力を要する」状況と判断されるものを1という数値で表す。しかし，この数値を子どもの学習状況を単純に三つに分類するのではなく，この結果に至るまでの具体的な学習の実現状況を考えながら，今後の指導を検討する材料とするべきである。そして，評価に対する妥当性や信頼性等を高めるために，各学校では観点別学習状況の評価の観点ごとの総括及び評定への総括の考え方や方法について共通理解を図るとともに，常に子どもや保護者に十分に理解を図ることが大切である。特に，新しく教科として導入された外国語においては尚更である。

　つまり，これらを具体的に考えてみると，例えば，5年生及び6年生の2年間で次の目標がおおむね達成されていれば評定は2ということになる。

(1)外国語の音声や文字，語彙，表現，文構造，言語の働きなどについて，日本語と外国語との違いに気付き，これらの知識を理解するとともに，読むこと，書くことに慣れ親しみ，聞くこと，読むこと，話すこと，書くことによる実際のコミュニケーションにおいて活用できる基礎的な技能を身に付けている。

(2)コミュニケーションを行う目的や場面，状況などに応じて，身近で簡単な事柄について，聞いたり話したりするとともに，音声で十分に慣れ親しんだ外国語の語彙や基本的な表現を推測しながら読んだり，語順を意識しながら書いたりして，自分の考えや気持ちなどを伝え合うことができている。

(3)外国語の背景にある文化に対する理解を深め，他者に配慮しながら，主体的に外国語を用いてコミュニケーションを図ろうとしている。

　このように，外国語の科目は目標から始まり，それに基づいて指導を行い，評価し，そして最後には，評定に総括する段階で，また目標に立ち戻るシステムになっているのである。

Chapter

2

外国語・
新3観点の評価規準
作成マニュアル

1　授業における評価方法

　外国語においては，外国語活動で一般に行われている授業内での活動を見取る方法以外に，教科として，目標の「～できる」範囲まで子ども達が達しているかどうかを判断する方法が必要である。しかし，中学校や高校で行われている教師作成のペーパーテストや業者テストを多用することは外国語の教科の趣旨に反し，得策ではない。しかも，点数で子ども達が一喜一憂することは英語嫌いを増産することにもつながりかねない。そこで，目標に示されている「コミュニケーションを図る基礎」を育てるには，実際に英語を使用させながら，どの程度コミュニケーションが図られるようになっているのかを評価していくことが求められる。そのために，さまざまな言語活動を通して語彙や表現に慣れ，状況に合ったコミュニケーションが図られるようになっているかを子ども達のパフォーマンス活動を通して評価していくことが重要になってくる。この評価をパフォーマンス評価と呼ぶ。つまり，授業の時々に，子ども達のパフォーマンスを評価し，評価規準と照らし合わせながら，目標のどの程度まで達しているかを記録し，以後の指導を通して目標に到達できるように導いていくことが求められる。もちろん，パフォーマンス評価以外にも，さまざまな方法が考えられる。以下に評価方法の例を挙げる。

(1)行動観察：授業内で子ども達の行動，活動を見取る方法

(2)やり取り（インターラクション）観察（パフォーマンス評価）：インタビュー，スキット，ディスカッション，劇などのやり取りを見取る方法

(3)発表観察（パフォーマンス評価）：スピーチ，ショウ・アンド・テルなどの個人やグループでの発表を見取る方法

(4)インタビュークイズ（テスト）：教師やALT等の質問にどの程度答えることができるかを評価

　　（例）教師：What color do you like?

　　　　子ども：I like yellow.

　　この場合，どのような指導を普段しているかにもよるが，回答が "I like yellow." と，単に "Yellow." と答えた子どもとでは，評価に差をつけることも可能である。

(5)原稿点検：発表などのための子どもの手書きのシナリオや原稿を確認

(6)リスニングクイズ（テスト）：授業で学習したことの聞き取り確認

　　（例）I have three apples.　（聞き取った内容に適するイラストをマークする）

 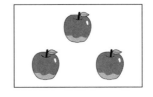

(7)ワークシート点検：授業で使用したワークシート類，アルファベットの文字の練習等

(8)ノート点検：授業や家庭学習で書いた内容，アルファベットの文字の練習等

(9)発表評価表点検：スピーチなど，発表を聞く側が発表についての評価を記入する用紙

⑽振り返りシート点検：振り返りに使用したシート確認

などが考えられる。

　評価方法は，学校や子どもの状況に合わせて選び，更に，文字や語彙，表現に関するテスト（確認のため）に踏み込むことも考えられるが，あまり無理はしないことである。

　次に，ある単元の7時間の計画を例にとって考えてみる。

	各時間の評価規準	評価方法
第1時目	【主に評価する観点：主体的に学習に取り組む態度】 　世界の国々や地域によって時刻が異なることを聞いて理解しようとしている。〈聞くこと〉	①行動観察 ②プリント点検 ③振り返りシート確認
第2時目	【主に評価する観点：知識・技能（技能）】 　時刻の言い方について，慣れ親しんでいる。〈聞くこと〉	①リスニングクイズ ②振り返りシート確認
第3時目	【主に評価する観点：知識・技能（技能）】 　時刻や生活時間の語句や表現を使っている。〈話すこと［やり取り]〉	①行動観察 ②生活時間に関するインタビューテスト
第4時目	【主に評価する観点：思考・判断・表現】 　自分の生活時間について，伝え合っている。〈話すこと［やり取り]〉	①行動観察 ②振り返りシート確認
第5時目	【主に評価する観点：思考・判断・表現】 　自分の生活時間の発表に向けての原稿を作成している。〈書くこと〉	①原稿確認（発表原稿） ②振り返りシート確認
第6時目	【主に評価する観点：主体的に学習に取り組む態度】 　自分の生活時間の発表に向けて，進んで練習をしようとしている。〈読むこと〉	①練習観察 ②振り返りシート確認
第7時目	【主に評価する観点：思考・判断・表現】 　自分の生活時間について，聞き手を意識しながら，発表をしている。〈話すこと［発表]〉	①発表観察 ②発表評価表確認 ③振り返りシート確認

　授業内で評価できるのはせいぜい一つか二つの観点である。評価を行わない時間があっても構わない。第7時の発表だけを評価してもよい。評価に集中するあまり，指導が疎かになったのでは本末転倒である。常に，指導があっての評価であることを忘れてはいけない。

2　知識・技能の評価規準作成のポイント

1　知識・技能とは

　知識とは，外国語において習得すべき知識のことであり，学習指導要領にある英語の特徴や決まりに関する事項である。これらが備わっていなければ，実際のコミュニケーションを図ることはできない。具体的には学習指導要領の「2　内容」に示されているが，大きく分類すると次の4項目である。

　　ア　音声
　　イ　文字及び符号
　　ウ　語，連語及び慣用表現
　　エ　文及び文構造

　一方，技能とは，外国語において，理解している「知識」が，実際のコミュニケーションの中で，活用ができるように身に付いているもののことである。例えば，授業の中で，子ども達がアルファベットの文字を学習し，それらを理解し（知識），アルファベットの文字を識別したり，発音したりすることができることである（技能）。つまり，知識はインプット（input）であり，技能はアウトプット（output）であるということもできる。図式化すると次のように表すことができる。

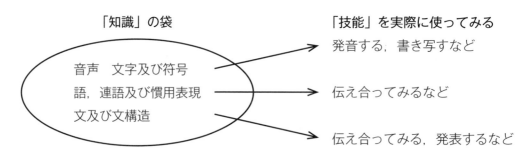

　また，技能は常に知識が定着した後に行われるべきものではない。常に，インプットとアウトプットをくり返しながらスパイラルに指導していくことで，知識も技能も相乗的に向上していくものである。

2　観点別学習状況の評価の進め方

　知識・技能の評価を進める際に，どのような評価方法が考えられるのか，例を示してみる。
・「聞くこと」：担任やALT及び音声教材（デジタル教材）を聞いて，簡単な語句や基本的な表現が理解できているのかを，ワークシートなどに書かせて判断する（リスニングテスト）。
・「読むこと」：アルファベットの文字を発音させたり，文字を識別させたりして判断する。
・「話すこと［やりとり］」：ペアやグループ活動で語句や表現が使えているかで判断する。

・「話すこと［発表］」：実際にスピーチなどでのパフォーマンス活動で，既習の語句や表現を用いているか，良いスピーチの方法を理解しているかなどで判断する。

・「書くこと」：実際にアルファベットの文字を書かせたり，語句や表現を書き写させたりして判断する。

3 知識・技能の評価規準作成のポイント

　知識・技能の評価規準を作成する場合には，必ず知識と技能を二つに分けて記載することとする。これは，子どもがどのポイントでつまずいているのか，努力を要する子どもにはどのような指導を行うべきなのかなど，明確に判断できることにつながるからである。評価規準を作成するポイントは次の通りである。

　「知識」は，授業で指導した英語の特徴やきまりに関することが知識として分かっている，理解している状況を評価していく。

　「技能」は内容のまとまりごとに評価をしていくことになる。

・「聞くこと」では，実際のコミュニケーションにおいて，学習した「知識」や既習の言語材料などを活用して，自分のことや身近で簡単な事柄などについて話される簡単な語句や基本的な表現，日常に関する身近で簡単な事柄について具体的な情報を聞き取る技能を身に付けている状況を評価していく。

・「読むこと」では，実際のコミュニケーションにおいて，学習した「知識」や既習の言語材料などを活用して，アルファベットの活字体の大文字・小文字を識別したり，その文字の読み方を発音したりする技能を身に付けている状況を評価していく。

・「話すこと［やり取り］」では，実際のコミュニケーションにおいて，学習した「知識」や既習の言語材料などを活用して，日常生活に関する身近で簡単な事柄などについて，自分の考えや気持ち，自分や相手のこと及び身の回りの物に関する事柄などについて，簡単な語句や基本的な表現を用いて伝え合う技能を身に付けている状況を評価していく。

・「話すこと［発表］」では，実際のコミュニケーションにおいて，学習した「知識」や既習の言語材料などを活用して，日常生活に関する身近で簡単な事柄や，自分のこと，身近で簡単な事柄についての自分の考えや気持ちなどを，簡単な語句や基本的な表現を用いて話す技能を身に付けている状況を評価していく。

・「書くこと」では，実際のコミュニケーションにおいて，学習した「知識」や既習の言語材料などを活用して，アルファベットの活字体の大文字・小文字を書いたり，語句や表現を書き写す技能を身に付けている状況を評価していく。

　これらを評価していく際には，極端に正確さや流暢さなどを求めるべきではない。そして，英語の正しい音声や流暢なやり取りを評価の規準とはすべきではないが，中学校に連携する意味での適切な指導を行うことには特に問題はない。

3 思考・判断・表現の評価規準作成のポイント

1 思考・判断・表現とは

　思考・判断・表現とは，外国語の指導等で得た知識や技能を活用して，課題等を解決するためにそれらをどのように使うか，未知の状況にどのように対応できるかなど，それらを司る思考力，判断力，表現力等を身に付けているかを評価する上での観点として示されているものである。思考・判断・表現の過程には，大きく分けて次の三つがあるが，これらを外国語に合わせて具体的に考えてみると括弧内のようになる。

・物事の中から問題を見いだし，その問題を定義し解決の方向性を決定し，解決方法を探して計画を立て，結果を予測しながら実行し，振り返って次の問題発見・解決につなげていく過程

　（テーマに沿って，ペアやグループで話し合い，クイズの問題を作って発表したり，推薦したい食べ物や旅行先などを発表したりすることなど）

・精査した情報を基に自分の考えを形成し，文章や発話によって表現したり，目的や場面，状況等に応じた互いの考えを適切に伝え合い，多様な考えを理解したり，集団としての考えを形成したりしていく過程

　（尋ねられた質問に対して，学習した語彙や表現などを用いながら自分の気持ちや考えを伝え合ったり，与えられたテーマに沿って，自分の考えをまとめて発表したりすることなど）

・思いや考えを基に構想し，意味や価値を創造していく過程

　（与えられた英文について，学習した語彙や表現を頼りに読んでみたり，与えられたテーマについて書いてみたりすることなど）

2 観点別学習状況の評価の進め方

　思考・判断・表現の評価を進める際に，どのような評価方法が考えられるか，例を示してみる。

・「聞くこと」：担任や ALT 及び音声教材（デジタル教材や CD など）を聞いて，具体的な内容や情報が理解できているかどうかを，ワークシートなどに書かせて判断する（リスニングテスト）。その際，子どもの状況によって，学習した語句や基本的な表現にとどめるか，未習の語句や表現も含めるかは，学校で適切に判断することが必要である。

・「読むこと」：音声で十分に慣れ親しんだ簡単な語句の基本的な意味が分かっているかどうか，インタビューして尋ねたり，読み方が分かっているかどうか，音読させて判断したりする。

・「話すこと［やりとり］」：ペアやグループ，クラス内での自分の考えや気持ちなどを，既習の語句や表現を使いながら伝え合っているかどうかを判断する。

・「話すこと［発表］」：実際にスピーチなどでのパフォーマンス活動で，伝えたいと考えてい

る内容について整理した上で，自分の考えや気持ちなどを既習の語句や表現を用いて話しているかどうかを判断する。

・「書くこと」：例文などを参考に，既習の語句や表現を使って，自分ことや自分の考えについて，実際に書かせてみて判断する。

3 思考・判断・表現の評価規準作成のポイント

　思考・判断・表現の評価規準を作成する場合には，必ず，既に指導した知識や技能の内容について，子どもが活用できる状況にまで至っているかどうかを判断できるようにする必要がある。特に，観点が，技能なのか思考・判断・表現なのか判断に迷うような評価規準は作成するべきではなく，明確に判断できる評価規準にするべきである。作成するポイントは次の通りである。

・「聞くこと」では，コミュニケーションを行う目的や場面，状況などに応じて，日常生活に関する身近で簡単な事柄などについて話されるのを聞いて，その概要を捉えている状況を評価していく。

・「読むこと」では，コミュニケーションを行う目的や場面，状況などに応じて，日常生活に関する身近で簡単な事柄や，自分や相手のこと及び身の回りの物に関する事柄などについて書かれた簡単な語句や基本的な表現を読んで，意味が分かっている状況を評価していく。

・「話すこと［やり取り］」では，コミュニケーションを行う目的や場面，状況などに応じて，日常生活に関する事柄についての自分の考えや気持ち，自分や相手のこと及び身の回りの物に関する事柄などについて，簡単な語句や基本的な表現を用いて実際に伝え合っている状況を評価していく。

・「話すこと［発表］」では，コミュニケーションを行う目的や場面，状況に応じて，日常生活に関する身近で簡単な事柄や，自分のこと，身近で簡単な事柄についての自分の考えや気持ちなどを，簡単な語句や基本的な表現を用いて実際に話している状況を評価していく。

・「書くこと」では，コミュニケーションを行う目的や場面，状況などに応じて，日常生活に関する身近で簡単な事柄や，自分や相手のこと及び身の回りの物に関する事柄などについて，簡単な語句や基本的な表現を書き写したり，自分のことや身近で簡単な事柄について，実際に書いたりしている状況を評価していく。

　これらを評価していく際には，さまざまなパフォーマンス活動を行い，実際に体験させる中で評価をしていかなければならない。リスニングテスト，インタビュー活動，インタビューテスト，スキット，スピーチ，ディスカッション等をカリキュラムに位置付け，計画的に評価していくことも大切である。しかし，子どもの状況を的確に見取らずに，指導以上のものを求めたり，能力以上のものを求めたりすることは現に慎むべきである。

4 主体的に学習に取り組む態度の評価規準作成のポイント

1 主体的に学習に取り組む態度とは

　主体的に学習に取り組む態度とは，単に継続的な行動や積極的な発言を行うなど，性格や行動面の傾向ではなく，外国語の観点に合わせて，知識及び技能を習得したり，思考力，判断力，表現力等を身に付けるために，自らの学習状況を把握し，学習の進め方について試行錯誤するなど自らの学習を調整しながら，学ぼうとしているかどうかという意思的な側面のことである。また，外国語の学習内容に関心をもつことだけではなく，より良く学ぼうとする意欲をもって学習に取り組んでいる姿勢や態度のことでもある。一方，子どもの個性や良い点，可能性や進歩の状況（例えば，大きな声が出せるようになってきている。誰とでも会話ができるようになってきているなど）は個人内評価として捉え，観点別学習状況の評価や評定には含めない。

　主体的に学習に取り組む態度は次のような側面を評価するものである。それを外国語に合わせて具体的に考えると括弧内のようになる。

・知識及び技能を獲得したり，思考力，判断力，表現力等を身に付けたりすることに向けた粘り強い取組を行おうとしている側面
　（話される英語を理解しようと一生懸命に聞き取ろうとしているところや，自分の考えを相手に粘り強く伝えようとしているところなど）
・粘り強く取り組む中で，自らの学習を調整しようとする側面
　（あるテーマについて，何度も発表内容を校正したり，担任に尋ねたりしながら，より良い発表をめざしているところや，みんなに分かってもらおうと，より正しい英文を書こうとしているところなど）

2 観点別学習状況の評価の進め方

　主体的に学習に取り組む態度の評価を進める際に，どのような評価方法が考えられるのか，例を示してみる。

・「聞くこと」：担任やALT及び音声教材（デジタル教材やCDなど）を聞いて，積極的に話の概要などを捉えようとしているかを観察して判断する（リスニングテスト）。
・「読むこと」：与えられた英文について，簡単な語句や基本的な表現をひろいながら，書かれている内容の意味を分かろうとしているかどうかを判断する。意味の分からない語句や表現については，積極的に尋ねたり，調べたりしている様子なども参考にする。
・「話すこと［やりとり］」：ペアやグループ，クラス内でのインタビューなどのパフォーマンス活動の中で，自分の考えや気持ちなどを，既習の語句や表現を使いながら，積極的に伝え合おうとしているかどうかを判断する。
・「話すこと［発表］」：スピーチなどのパフォーマンス活動で，伝えたいと考えている内容に

ついて，他の子ども達に配慮しながら積極的に言おうとしているかどうかを観察して判断する。

・「書くこと」：例文などを参考に，既習の語句や表現を使って，自分ことや自分の考えについて，実際に書かせてみて，積極的に伝えようと書いているかどうかを判断する。

3 主体的に学習に取り組む態度の評価規準作成のポイント

　主体的に学習に取り組む態度の評価規準を作成する場合には，外国語の背景にある文化に対する理解を深め，他者に配慮しながら，主体的に外国語を用いてコミュニケーションを図ろうとしている状況を評価するための規準を作成することになる。作成するポイントは次の通りである。

・「聞くこと」では，コミュニケーションを行う目的や場面，状況などに応じて，自分のことや身近で簡単な事柄について話される簡単な語句や基本的な表現，日常生活に関する身近で簡単な事柄などについて具体的に情報を聞き取ったり，その概要を捉えようとしたりしている状況を評価していく。

・「読むこと」では，コミュニケーションを行う目的や場面，状況などに応じて，アルファベットの活字体の大文字・小文字を識別したり，その読み方（文字の名称）を発音したりしようとしたり，日常生活に関する身近で簡単な事柄，自分や相手のこと及び身の回りの物に関する事柄などについて書かれた簡単な語句や基本的な表現を読んで，意味を分かろうとしたりしている状況を評価していく。

・「話すこと［やり取り］」では，コミュニケーションを行う目的や場面，状況などに応じて，日常生活に関する身近で簡単な事柄についての考えや気持ち，自分や相手のこと及び身の回りの物に関する事柄などについて，簡単な語句や基本的な表現を用いて伝え合おうとしている状況を評価していく。

・「話すこと［発表］」では，コミュニケーションを行う目的や場面，状況に応じて，日常生活に関する身近で簡単な事柄や，自分のこと，身近で簡単な事柄についての自分の考えや気持ちなどを，簡単な語句や基本的な表現を用いて話そうとしている状況を評価していていく。

・「書くこと」では，コミュニケーションを行う目的や場面，状況などに応じて，アルファベットの活字体の大文字・小文字を書こうとしたり，日常生活に関する身近で簡単な事柄や，自分や相手のこと及び身の回りの物に関する事柄などについて，簡単な語句や基本的な表現を書き写したり，自分のことや身近で簡単な事柄について，書いたりしようとしている状況を評価していく。

　これらを評価していく際には，自ら学ぶために，さまざまな方法を駆使して調べたり，何度も話してみたり，書いてみたりしている状況を判断していくことになる。

5 聞くことの評価規準作成例

　内容のまとまり（５領域）ごとの評価規準を作成する場合には，三つの観点を踏まえながら，作成していくことになる。そして，作成した評価規準にしたがって，実際にどのように評価をしていくのか，具体的に示していく（評価例　１）（評価例　２）。

1　知識・技能

【知識】

　知識は，小学校学習指導要領外国語の「２　内容」の〔知識及び技能〕の(1)英語の特徴やきまりに関する事項に書かれている事柄を理解している状況を評価する。その際，教師が評価しやすいように，より具体的な文言を評価規準としておく方が良い。例えば，次のような文言となる。

・Do you like …? の質問文におけるイントネーションを分かっている。

・月日や曜日の言い方を知っている。

・Do you like …? What do you like …? の尋ね方とその答え方について理解している。

・日本の自然や食文化，各地の祭りや行事などを紹介する語句や表現を理解している。

・What do you want to watch …? What sport do you like? の表現を理解している。

【技能】

　技能は，実際のコミュニケーションにおいて，習得した「知識」を活用して，話される簡単な語句や基本的表現，簡単な事柄について，具体的な情報を聞き取る技能を身に付けている状況を評価する。例えば，次のような文言となる。

・相手の名前，好きなこと，嫌いなことを聞き取る技能を身に付けている。

・誕生日や欲しいものなどを聞き取る技能を身に付けている。（評価例　１）

・夏休みの思い出について，既習の語句や表現をもとに聞き取る技能を身に付けている。

・日本の自然や食文化などを紹介する語句や表現を聞き取る技能を身に付けている。

・友達の将来なりたい職業とその理由を聞き取る技能を身に付けている。

2　思考・判断・表現

　思考・判断・表現は，コミュニケーションを行う目的や場面，状況に応じて，簡単な事柄などについて話されるのを聞いて，その内容や概要を捉えている状況を評価する。評価規準を作成し，評価をする際に，それは技能なのか，思考・判断・表現なのかで迷う場合がある。その際，技能面は，授業の中で指導した基本的な語彙や表現，内容が実際のコミュニケーションの中で活動（利用）できるほどに身に付いているかで判断し，思考・判断・表現は，相手の気持ちや考えなどを汲み取りながら，内容や概要を理解しているかどうかで判断する。例えば，次

のような文言となる。

> ・友達の自己紹介を聞いて，その内容を捉えている。
>
> ・相手をよく知るために，誕生日や好きなもの，欲しいものについて，概要を捉えている。
>
> ・友達の小学校の思い出についての紹介を聞いて，概要を捉えている。
>
> ・日本のことをよく知るために，自然や食文化，各地の祭りや行事などを紹介する短い話を捉えている。
>
> ・住んでいるところ（例えば北上市）の紹介を聞いて，内容を捉えている。（評価例　2）

3　主体的に学習に取り組む態度

　主体的に学習に取り組む態度は，コミュニケーションを行う目的や場面，状況に応じて，自分のことや身近で簡単な事柄について話される簡単な語句や基本的な表現，日常生活に関する身近で簡単な事柄について，具体的な情報を聞き取ろうとしたり，概要を捉えようとしたりしている状況を評価する。その際，積極的に聞いたり，何度も聞き返したり，粘り強く聞くなどの面も評価していく。例えば，次のような文言となる。

> ・友達の自己紹介を一生懸命に聞き取ろうとしている。
>
> ・相手の誕生日，好きなもの，欲しいものについて，聞き取ろうとしている。
>
> ・日本の自然や食文化，各地の祭りや行事などの紹介の概要を捉えようとしている。
>
> ・友達の夏休みの感想について，短い話の概要を捉えようとしている。
>
> ・友達の将来の夢を聞いて，内容を理解しようとしている。

4　聞くことの評価例

(1)技能の評価例（評価例　1）

◎（評価規準）誕生日や欲しいものなどを聞き取る技能を身に付けている。

・児童1は，子ども同士のインタビューで，多くの誕生日や欲しいものを聞き取っていた。一部，聞き取れなかった子どももいたが，「おおむね満足できる」状況（B）と評価した。

・児童2は，インタビューで，ほとんど聞き取ることができていなかったので，「努力を要する」状況（C）と評価した。

(2)思考・判断・表現の評価例（評価例　2）

◎（評価規準）住んでいるところ（例えば北上市）の紹介を聞いて，内容を捉えている。

・児童1は，友達の発表を聞いて，ワークシートにすべて聞き取った内容を正しく書き入れていたので，「十分満足できる」状況（A）と評価した。

・児童2は，友達の発表を聞いて，ワークシートに聞き取った内容をほぼ書き入れていたが，一部に間違っている点もあることから，「おおむね満足できる」状況（B）と評価した。

6　読むことの評価規準作成例

　読むことは，外国語の教科で初めて指導する領域である。したがって，過度に読むことを求めたり，正しく発音したり正しく内容を捉えたりすることを強いることは，英語嫌いを生み出す元凶にもなりかねない。したがって，評価規準においても，要求の程度はあまり高くせず，楽しく発音させたり，楽しく内容を捉えさせたりするように心がけながら作成していくことである。学習指導要領で求められている読むことの目標は以下の通りであることを踏まえる必要がある。

　ア　活字体で書かれた文字を識別し，その読み方を発音することができるようにする。

　イ　音声で十分に慣れ親しんだ簡単な語句や基本的な表現の意味が分かるようにする。

1　知識・技能

【知識】

　知識は，小学校学習指導要領外国語の「2　内容」の〔知識及び技能〕の(1)英語の特徴やきまりに関する事項に書かれている事柄を理解している状況を評価することになるが，あくまでも，学習指導要領の目標に留めることが必要である。例えば，次のような文言となる。

> ・アルファベットの活字体の大文字について理解している。
> ・アルファベットの活字体の小文字について理解している。（評価例　1）
> ・文における基本的な区切りが分かっている。
> ・職業を表す語句やなりたい理由を表す表現の読み方（発音）を知っている。
> ・中学校の部活動に関する語句や表現の意味を理解している。

【技能】

　技能は，実際のコミュニケーションにおいて，習得した「知識」を活用して，アルファベットの活字体の大文字・小文字を識別したり，書かれている簡単な語句や基本的表現を発音したりする技能を身に付けている状況を評価する。例えば，次のような文言となる。

> ・アルファベットの活字体の大文字や小文字を識別している。
> ・アルファベットの活字体の大文字や小文字を発音する技能を身に付けている。
> ・文を適切に区切って読む技能を身に付けている。
> ・職業に関する語彙や表現を読む技能を身に付けている。
> ・What do you like ...? などの文を正しいイントネーションで読む技能を身に付けている。

2　思考・判断・表現

　思考・判断・表現は，コミュニケーションを行う目的や場面，状況に応じて，書かれた簡単な語句や基本的な表現を読んで，意味が分かっている状況を評価する。例えば，次のような文

言となる。

> ・友達の名前のスペリングを発音したり，識別したりしている。
> ・バースデーカードに書かれている語句のスペリングを確認しながら音読している。
> ・教科書に書かれている英語の詩を，内容を確認しながら声に出して読んでいる。
> ・友達の好きなこと，欲しいものについて書かれた文を読んで，意味が分かっている。
> ・友達の将来の夢について書かれた文章を，相手の気持ちを推し量りながら読んでいる。

3　主体的に学習に取り組む態度

　主体的に学習に取り組む態度は，コミュニケーションを行う目的や場面，状況に応じて，アルファベットの活字体の大文字や小文字を識別したり，その読み方（文字の名称）を発音したりしようとしたり，身近で簡単な事柄や，自分や相手のこと及び身の回りの物に関する事柄などについて書かれた簡単な語句や基本的な表現を読んで，意味を分かろうとしたりする状況を評価する。例えば，次のような文言となる。

> ・アルファベットの活字体の大文字・小文字を読もうとしたり識別したりしようとしている。
> ・友達の名前のスペリングを確認しながら発音しようとしている。
> ・スポーツの種目に関する語句や表現を一生懸命読もうとしている。
> ・友達の夏休みについて書かれた文の内容を分かろうとしている。（評価例　2）
> ・友達の将来の夢について書かれた文章を音読し，概要を理解しようとしている。

4　読むことの評価例

⑴知識の評価例（評価例　1）

◎（評価規準）アルファベットの活字体の小文字について理解している。

- ・児童1は，アルファベット26文字の表を提示し，教師が指差す文字をほぼ読むことができていた。一部，MとNだけは混乱していたので，「おおむね満足できる」状況（B）と評価した。
- ・児童2は，アルファベット26文字の表を提示し，教師が指差す文字をほとんど読むことができなかったので，「努力を要する」状況（C）と評価した。

⑵主体的に学習に取り組む態度（評価例　2）

◎（評価規準）友達の夏休みについて書かれた文の内容を分かろうとしている。

- ・児童1は，友達の文を，既習事項を頼りに一生懸命に読もうとし，分からない単語は教師に積極的に尋ねていたので，「十分満足できる」状況（A）と評価した。
- ・児童2は，友達の文を，既習事項だけを頼りに読もうとしていたので，「おおむね満足できる」状況（B）と評価した。

7 話すこと［やり取り］の評価規準作成例

　話すこと［やり取り］は，外国語活動から引き続いて評価する領域である。したがって，少々高度なことにも挑戦させ，外国語活動のレベルから向上している状況を計るための評価規準を作成していきたい。

1　知識・技能

【知識】

　知識は，小学校学習指導要領外国語の「2　内容」の〔知識及び技能〕の(1)英語の特徴やきまりに関する事項に書かれている事柄を理解している状況を評価する。その際，言語活動などの中で，相手とのやり取りに不可欠な語彙や表現を理解しているかどうかを判断できる評価規準を作成していくことになる。例えば，次のような文言となる。

> ・町にある建物の名前や道を尋ねる表現を理解している。
> ・できることを表す He can .... や She can .... の表現について理解している。
> ・Here you are. Thank you. You're welcome. の使い方を知っている。
> ・語と語との連結（リエゾン）による音の変化を分かっている。
> ・基本的な動詞（go, see, eat, have, enjoy など）の過去形を理解している。

【技能】

　技能は，実際のコミュニケーションにおいて，習得した「知識」を活用して，日常生活に関する事柄や，自分のこと，身近で簡単な事柄についての自分の考えや気持ちなどを簡単な語句や基本的表現を用いて伝え合う技能を身に付けている状況を評価する。例えば，次のような文言となる。

> ・相手の好きなこと，嫌いなことについて伝え合うために必要な技能を身に付けている。
> ・建物の名前や道案内の表現を用いて伝え合う技能を身に付けている。（評価例　1）。
> ・What time do you get up? などを用いて，一日の生活を伝え合う技能を身に付けている。
> ・夏休みの思い出を動詞の過去形を用いて伝え合う技能を身に付けている。
> ・中学校生活について，簡単な語句や基本的な表現を用いて伝え合う技能を身に付けている。

2　思考・判断・表現

　思考・判断・表現は，コミュニケーションを行う目的や場面，状況に応じて，話される内容を理解しながら，自分の考えや気持ち，自分や相手のこと及び身の回りの物に関する事柄について，簡単な語句や基本的な表現を用いて伝え合っている状況を評価する。評価規準を作成する際には，実際にどのような言語活動やコミュニケーション活動を取り入れるのかを想定しながら作成することが求められる。例えば，次のような文言となる。

- ・友達と誕生日や好きなこと，嫌いなことを尋ねたり答えたりしている。
- ・バースデーカードを使って，友達と既習語句や表現を用いて，伝え合っている。
- ・夏休みの楽しかったことについて，お互いの考えや気持ちなどを伝え合っている。
- ・道案内の中で，相手が正しく目的地に到着できるように伝え合っている。
- ・将来の夢について，簡単な語句や基本的な表現を用いて伝え合っている。

3 主体的に学習に取り組む態度

　主体的に学習に取り組む態度は，コミュニケーションの目的や場面，状況などに応じて，日常生活に関する身近で簡単な事柄についての自分の考えや気持ち及び身の回りの物に関する事柄などについて，簡単な語句や基本的な表現を用いて伝え合おうとしている状況を評価する。その際，分からないことがあれば積極的に聞いたり，何度を聞き返したり，粘り強く聞くなどの面も評価する。例えば，次のような文言となる。

- ・好きなスポーツとその理由について，主体的に英語を用いて伝え合おうとしている。
- ・相手の誕生日，好きなもの，欲しいものについて，積極的に伝え合おうとしている。
- ・道案内をする際，相手に配慮しながら，目的地にたどり着くように伝え合おうとしている。
- ・小学校の思い出について交流する際，思い出を想起しながら伝え合おうとしている。
- ・将来の夢について，お互いの考えや気持ちなどを伝え合おうとしている。（評価例　2）

4 話すこと［やり取り］の評価例

(1)技能の評価例（評価例　1）

◎（評価規準）建物の名前や道案内の表現を用いて伝え合う技能を身に付けている。

- ・児童1は，建物の名前を英語で言えるようになっており，道案内でも，相手に行き方を既習の表現を用いて伝えていたので，「おおむね満足できる」状況（B）と評価した。
- ・児童2は，相手に目的地への案内ができず，混乱していたので，「努力を要する」状況（C）と評価した。

(2)主体的に学習に取り組む態度の評価例（評価例　2）

◎（評価規準）将来の夢について，お互いの考えや気持ちなどを伝え合おうとしている。

- ・児童1は，誰とでも積極的に将来の夢について伝え合おうとしている。また，相手に合わせて，ゆっくり分かるように話したり，既習の語彙をくり返し用いたりしながら伝え合っていたので，「十分満足できる」状況（A）と評価した。
- ・児童2は，友達と将来の夢について伝え合う際，ほとんど相手に伝わらず，また，相手の話も理解できていなかったので，「努力を要する」状況（C）と評価した。

8 話すこと［発表］の評価規準作成例

　話すこと［発表］は，外国語活動から引き続いて評価する領域である。したがって，外国語活動で行ってきたスピーチやショウ・アンド・テルの内容の質を深めたり，技能の向上をめざしたりする指導を心がけ，それに伴う評価規準を質の向上，充実を計るためのものとして作成していきたい。また，評価する際には，発表を見ながら評価するのもよいが，評価のブレを無くすためにも，ビデオ録画を行い，後で時間をかけ評価規準に合わせて揺るぎの無い評価を行っていくことも必要である。

1　知識・技能

【知識】

　知識は，小学校学習指導要領外国語の「2　内容」の〔知識及び技能〕の(1)英語の特徴やきまりに関する事項に書かれている事柄を理解している状況を評価する。その際，テーマに沿った発表の中で使用する語彙や表現を理解しているかどうかを判断できる評価規準を作成していくことになる。例えば，次のような文言となる。

> ・名前や好きなこと，嫌いなことを発表するための語彙や表現を理解している。
> ・自分のできること，できないことを伝えるための表現について理解している。
> ・日本のことを紹介するための簡単な語彙や基本的な表現を知っている。（評価例　1）
> ・季節ごとの行事を紹介するために必要な行事名や紹介する表現が分かっている。
> ・パンフレットを使って自分の町を紹介する際に必要な語彙や表現を理解している。

【技能】

　技能は，実際のコミュニケーションにおいて，習得した「知識」を活用して，日常生活に関する事柄や，自分のこと，身近で簡単な事柄についての自分の考えや気持ちなどを簡単な語句や基本的表現を用いて話す技能を身に付けている状況を評価する。例えば，次のような文言となる。

> ・自分の一日の生活を簡単な語句や基本的な表現を用いて話す技能を身に付けている。
> ・I want to go to …. を用いて，自分の行きたい国について話す技能を身に付けている。
> ・He / She is good at …. を用いながら，あこがれの人を紹介する技能を身に付けている。
> ・見たいスポーツについて，自分の考えを簡単な語彙を使って話す技能を身に付けている。
> ・小学校での思い出に残る行事について，既習表現を用いて話す技能を身に付けている。

2　思考・判断・表現

　思考・判断・表現は，コミュニケーションを行う目的や場面，状況に応じて，日常生活に関する身近で簡単な事柄や，自分のこと，身近で簡単な事柄についての自分の考えや気持ちなど

を，簡単な語句や基本的な表現を用いて話している状況を評価する。例えば，次のような文言となる。

> ・夢の時間割について，自分の考えや気持ちを簡単な語句や表現を用いて話している。
> ・自分で作った日本の四季のポスターを使いながら，日本を紹介している。
> ・自分の食べたいメニューを，既習語彙や表現を用いて話している。（評価例　2）
> ・なりたい職業とその理由を，既習語彙や表現を用いて発表している。
> ・中学校で入りたいクラブや，してみたいことについて話している。

3　主体的に学習に取り組む態度

　主体的に学習に取り組む態度は，コミュニケーションの目的や場面，状況などに応じて，日常生活に関する身近で簡単な事柄や，自分のこと，身近で簡単な事柄についての自分の考えや気持ちなどを，簡単な語句や基本的な表現を用いて話そうとしている状況を評価する。例えば，次のような文言となる。

> ・自己紹介で，聞いている友達に配慮しながら，積極的に話そうとしている。
> ・相手の誕生日，好きなもの，欲しいものについて，積極的に話そうとしている。
> ・夏休みの思い出について，聞いている子どもを考えながら，元気良く話そうとしている。
> ・ふるさと自慢で，聞いている子ども達が感動するような話をしようとしている。
> ・小学校の思い出に残ることについて，主体的に英語を用いて話そうとしている。

4　話すこと〔発表〕の評価例

⑴知識の評価例（評価例　1）

◎（評価規準）日本のことを紹介するための簡単な語彙や基本的な表現を知っている。
　・児童1は，授業で学習した語彙や表現以上に，自ら調べて，さまざまな語彙や表現を知っていたので，「十分満足できる」状況（A）と評価した。
　・児童2は，授業で学習した語彙や表現は理解できていたので，「おおむね満足できる」状況（B）と評価した。

⑵思考・判断・表現の評価例（評価例　2）

◎（評価規準）自分の食べたいメニューを，既習語彙や表現を用いて話している。
　・児童1は，自分の食べたいメニューであるカレーライス，ハンバーグ，寿司について既習範囲の語彙や表現で話していたので，「おおむね満足できる」状況（B）と評価した。
　・児童2は，自分の好きなメニューを日本語的な発音で話し，ALTにも伝わっていなかったことから，「努力を要する」状況（C）と評価した。

9　書くことの評価規準作成例

　書くことは，外国語活動では特に取り扱わない領域の一つであったことから，5年生の導入時期から多量に書かせたり，正しく書かせたりするべきではない。毎時間の授業の中で，少しずつでも書かせ続けて，書くことに抵抗を感じない子ども達を育てていきたい。そのために，評価規準もあまり高いレベルを求めず，学習したことがある程度身に付いているかで判断したい。あくまでも学習指導要領で求められている次の書くことの目標を踏まえる必要がある。

　　ア　大文字，小文字を活字体で書くことができるようにする。また，語順を意識しながら音声で十分に慣れ親しんだ簡単な語句や基本的な表現を書き写すことができるようにする。

　　イ　自分のことや身近で簡単な事柄について，例文を参考に，音声で十分に慣れ親しんだ簡単な語句や基本的な表現を用いて書くことができるようにする。

1　知識・技能

【知識】

　知識は，小学校学習指導要領外国語の「2　内容」の〔知識及び技能〕の(1)英語の特徴やきまりに関する事項に書かれている事柄を理解している状況を評価するが，特に書くことでは，アルファベットの文字から始まり，テーマに沿った発表原稿を書くための語彙や表現を理解しているかどうかを判断できる評価規準を作成していくことになる。例えば，次のような文言となる。

・アルファベットの活字体の大文字の形を理解している。

・アルファベットの活字体の小文字の形を理解している。

・自己紹介をする際の表現や語順が分かっている。

・日本の四季のポストカードを書く際の表現や語順を知っている。

・旅行の思い出を書く時の語彙や表現，語順などを理解している。

【技能】

　技能は，習得した「知識」を活用して，アルファベットの活字体の大文字・小文字を書いたり，自分のこと，身近で簡単な事柄についての自分の考えや気持ちなどを簡単な語句や表現を用いて書く技能を身に付けている状況を評価する。例えば，次のような文言となる。

・アルファベットの活字体の大文字を書く技能を身に付けている。

・アルファベットの活字体の小文字を書く技能を身に付けている。（評価例　1）

・あこがれの人を紹介する際に，必要な語句や表現を書き写す技能を身に付けている。

・My dream のテーマで発表する際に，自分の考えを書く技能を身に付けている。

・中学校で頑張りたいことを，例文を参考に書く技能を身に付けている。

2　思考・判断・表現

　思考・判断・表現は，コミュニケーションを行う目的や場面，状況に応じて，日常生活に関する身近な事柄や，自分や相手のことなどに関する事柄について，簡単な語句や基本的な表現を書き写したり，書いたりしている状況を評価する。例えば，次のような文言となる。

> ・自分のことに関する事柄について，簡単な語句や表現を書き写している。
>
> ・自分の好きなスポーツについて，提示された語句や表現を使って，書き写している。
>
> ・夏休みの思い出について，既習の語句や表現を使って書いている。
>
> ・好きな教科や苦手な教科を説明する文を，教科書を参考に書いている。
>
> ・小学校の思い出を発表する際に，自分の考えや気持ちを書いている。（評価例　2）

3　主体的に学習に取り組む態度

　主体的に学習に取り組む態度は，コミュニケーションの目的や場面，状況などに応じて，アルファベットの活字体の大文字・小文字を書こうとしたり，自分のことや身近で簡単な事柄について，簡単な語句や基本的な表現を用いて書こうとしている状況を評価する。例えば，次のような文言となる。

> ・自分の好きなこと，嫌いなことを，積極的に書き写したり書いたりしようとしている。
>
> ・自分のできることできないことについて，積極的に書き写そうとしている。
>
> ・自分の町を発表する際に，聞き手を意識しながら，一生懸命に書こうとしている。
>
> ・日本の季節の行事を説明する文を，友達と話しながら，楽しそうに書こうとしている。
>
> ・他己紹介の文を，既習語彙や表現を用いて，主体的に書こうとしている。

4　書くことの評価例

(1)技能の評価例（評価例　1）

◎（評価規準）アルファベットの活字体の小文字を書く技能を身に付けている。

　・児童1は，4線上に26文字を正確に書くことができていたので，「十分満足できる」状況（A）と評価した。

　・児童2は，4線上からはみ出たりしている文字もいくつか見られたが，26文字の内23文字は書けていたので，「おおむね満足できる」状況（B）と評価した。

(2)思考・判断・表現の評価例（評価例　2）

◎（評価規準）小学校の思い出を発表する際に，自分の考えや気持ちを書いている。

　・児童1は，数カ所語句が正しくなかったが，内容が理解できる程度に書かれていたので，「おおむね満足できる」状況（B）と評価した。

　・児童2は，語順が正しくなく，何を伝えたいのかが分からない文になっていたので，「努力を要する」状況（C）と評価した。

Chapter 3

すぐに使える！
新3観点の指導要録
記入例＆通知表の文例集

1 指導要録の記入，作成例について

　平成31年3月29日に，文部科学省から「小学校，中学校，高等学校及び特別支援学校等における児童生徒の学習評価及び指導要録の改善等について（通知）」が出されている。その中の指導要録の改善点についての項で，「(5)教師の勤務負担軽減の観点から『総合所見及び指導上参考となる諸事項』については，要点を箇条書きとするなど，その記載事項を必要最小限にとどめる」とある。また，別の項には，『総合所見及び指導上参考となる諸事項』で，「小学校等における総合所見及び指導上参考となる諸事項については，児童の成長の状況を総合的にとらえるため，以下の事項等を文章で箇条書き等により端的に記述すること。各教科や外国語活動，総合的な学習の時間の学習に関する所見（において）」とある。特に外国語は教科であることから，外国語活動のように特別の欄は設けられておらず，総合所見及び指導上参考となる諸事項の欄に特に子どもの学習状況に顕著な事項がある場合には，要点を箇条書きすることになる。

小学校児童指導要録（参考様式）		様式2（指導に関する記録）	
総合所見及び指導上参考となる諸事項（本来は縦列）			
第5学年		第6学年	

　例えば，次のような記入をすることになる。

小学校児童指導要録（参考様式）		様式2（指導に関する記録）	
総合所見及び指導上参考となる諸事項（本来は縦列）			
第5学年	・アルファベットの活字体の大文字・小文字を26文字正確に書くことができていた。	第6学年	・支援の必要な子どものために寄り添い，一緒に将来の夢を考えてあげたり，英語の表現を教えたりして，発表できるように手伝っていた。

　記入する内容は，子ども達の言語活動でのやり取りや発表，あるテーマに関する英文を読んだり，書いたりしている中で，特に優れていたり，他の子ども達にはあまり見受けられない点を記入したり，観点別学習状況の評価や評定になじまない個人内評価としての優れていた点などを記入する。

2 通知表の記入，作成例について

　通知表（通知簿，あゆみなど）は元来，「保護者に対して子どもの学習指導の状況を連絡し，家庭の理解や協力を求める目的で作成」するものである。また，これには法的根拠がなく，作成，様式，内容等はすべて校長の裁量による。ただし，自治体によっては校長会等で様式の参考例を作成している場合も見受けられる。

　以上からも分かるように，通知表は校長の裁量で，ある程度自由に判型やフォーマット，ページ数や表記を決めることができる。外国語においては教科であることから，他の教科同様，観点別学習状況や評定を書く欄と学級担任の所見欄とがあり，観点別学習状況を示す欄には，一般に，三つの観点（知識・技能，思考・判断・表現，主体的に学習に取り組む態度）ごとに優れている点などに〇を記入するものが多い。しかし，この3観点が通知表に示されていたとしても，保護者は，子どものどの点が優れ，どの点を頑張らせればよいのかが全く分からない。最終的には〇が多ければよいのかと考えてしまうくらいである。これでは，本来の通知表の役割は果たされていない。通知表はあくまでも，子ども達の学校での状況や授業での状況，そして家庭としてどのように支援していけばよいのかが伝わるものでなければならない。そして，所見欄などには，保護者や子ども達にとって元気になるような文が記載され，夕食の席などで，保護者が子どもに「外国語，頑張ってるんだね！」などと褒めたり，「もっと英語頑張ってみようか」などと話しかけるネタであったりして欲しいものである。これにより，子ども達はさらに外国語の授業や英語に対してプラス思考で考え，楽しみながら英語を使ってみようと思うようになるのである。

　所見欄には，外国語での特筆すべき点や，個人内評価として観点別評価には表れてこない子どもの頑張っている姿や外国語の授業を通した他者への配慮や優しさなどを書き入れていく。もちろん，外国語に関する場合には，五つの領域と三つの観点とを総合的に評価して，優れていた点を記載していくことに変わりは無いが，指導要録とは異なり，保護者や子ども達が一目で分かるような文言にすることが必要である。そこで，所見欄に書き込むときには次の点に注意して書くことである。

> 1．子どもの良さを中心に簡潔に記述する。
> 2．子どもの授業内の動きが分かるような内容を組み込む。
> 3．次の学習につながる内容にする。
> 4．読んで分かりやすい語彙や表現を使う。
> 5．保護者も子どもも元気になる表現や内容を入れる。

　文の中には，「大きな声で」「はっきりと」「元気よく」「明るく」「自ら進んで」「一生懸命に」「相手の話をしっかりと聞きながら」など，子どもの様子が手に取るように分かる表現や，「夏休みの思い出」「自分の町」「将来の夢」「中学校生活」等の具体的な授業テーマや活動を加えると，更に情景が思い浮かんでくる。

2 第5学年の指導要録（総合所見及び指導上参考となる諸事項）記入例

1 単元ごとの記入例

所見は決められた狭い範囲内に，他の教科やさまざまな学校生活についての子どもの育ちを記入することになるので，外国語だけを書くことは難しいが，あえて外国語について記入する際には，次のような点に注意しながら記入することである。

まず，単元ごとに記入する際には，細々とした知識や技能面を記入するのではなく，次につながる思考・判断・表現の育ちを全般的に記入する方が分かりやすく，子どもの状況も見えやすくなる。例えば，次のような記入内容が考えられる。

5年単元	指導要録（総合所見及び指導上参考となる諸事項）記入例
Unit 1 自己紹介	・クラスの友達に配慮しながら，英語のリズムやイントネーションに気をつけ，優れた自己紹介のスピーチをしていた。
Unit 2 誕生日	・相手の状況に合わせ，相手が理解できるようにスピードを調整しながら，誰とでも意思疎通ができるように伝え合っていた。
Unit 3 時間割，職業	・将来なりたい職業につくために，特に勉強しなければならない科目を考えて，時間割を組み，適切な英語で発表していた。
Unit 4 一日の生活	・自分の生活を振り返り，的確な表現を用いて，一日の生活について友達と交流していた。
Unit 5 できること	・友達とできることやできないことについて，インタビューをしながら，正しい情報を集めていた。
Unit 6 位置と場所	・外国人にも通じるような発音やイントネーションで，的確に道案内をしていた。
Unit 7 料理と値段	・レストランを舞台に，自分の食べたい物をオーダーしたり，客のニーズを尋ねたりしながら，的確なやり取りをしていた。
Unit 8 カードをつくろう	・さまざまな目的に合った（誕生日，正月など）カードに，お祝いやお礼などの英文を正しく，きれいに書いていた。
Unit 9 あこがれの人	・あこがれの人について，自分の考えや気持ちを素直に英語で書き，誰でも理解できるように発表していた。
Unit10 行ってみたい所	・国内，国外を問わず，自分の行ってみたい場所を理由も含めて，的確なスピーチをしていた。

これらからも分かるように，子どもができたところや優れていたところを具体的に記入し，その単元の目標だけではなく，外国語で育てたい目標にも関わる点を表記したい。

2　1年間の外国語全般を通しての記入例

　単元の内容やテーマに関わらず，1年間を通した全般的な育ちを記入する方法も考えられる。その際には，あまり観点には捉われず，それ以上に，五つの領域を中心に記入することで，子どもの学習状況が見て取れるようになる。これは，小学校外国語活動の指導要録の改善点の中に，以前の指導要録では，観点別に設けていた「外国語活動の記録」を文章記述欄を一本化した上で，評価の観点に即して，子どもの学習状況に顕著な事項がある場合にその特徴を記入することにしたことと同様の考え方に立っている。

　例えば，次のような文を箇条書きすることも考えられる。

> ・日常生活に関する簡単な語句や基本的な表現を用いた短い英文から少し長い英文まで聞いて，概要を捉えることができていた。
> ・アルファベットの活字体の大文字・小文字を聞いて文字が分かったり，正しく書いたりでき，テーマに沿った英文も語順を考えながら書くことができていた。
> ・さまざまなテーマに沿って書かれた英文を音読したり，読んで意味を理解したりすることができていた。
> ・誰とでも会話ができ，相手の意向を汲み取りながら，考えや気持ちを理解したり，自分の考えや気持ちを的確に伝えたりすることができていた。
> ・さまざまなテーマに沿って，自分の考えや気持ちを状況に合わせて堂々と発表することができていた。

3　個人内評価として見取った部分の記入例

　外国語では，他の教科や領域同様，特に「学びに向かう力，人間性等」については，「主体的に学習に取り組む態度」として観点別学習状況の評価を通じて見取ることができる部分と観点別状況の評価になじまず，個人内評価等を通じて見取る部分とがあるが，外国語では特に，さまざまな言語活動を行う中で，これらの両方について目にすることになる。そこで，後者の個人内評価の中でも顕著に優れている部分や育成されてきている部分などを記入することも大切なことである。

　例えば，次のような文を箇条書きすることも考えられる。

> ・当初は，相手の目を見て話すことが困難だったが，徐々に目を合わせながら話せるようになっていた。
> ・人前で恥ずかしがって大きな声を出せなかった頃から，1年後には誰に対しても臆せずに大きな声を出して話せるようになっていた。
> ・支援の必要な友達に，ノートを書いてあげたり，原稿を一緒に考えたりして，支えていた。
> ・グループ活動では，メンバー全員が満遍なく活躍できるように考えながら，充実した内容となるようにサポートしていた。

3 第5学年の通知表記入例

1 単元ごとの記入例

通知表の所見欄は学校によって，記入する欄の大きさはまちまちであることから，箇条書きの短い文で保護者や子ども達に即座に伝えられるものにしたい。これは，指導要録は教師側の情報ツールであるのに対し，通知表は，保護者や子ども達への伝達ツールであることから，指導要録とは役割が異なり，相手目線で文言も考えていく必要がある。書くポイントは単元ごとに考えて記入していくことの方が書きやすい。

例えば，次のような記入内容が考えられる。

5年単元	通知表（所見）記入例
Unit 1 自己紹介	・自己紹介の英語が分かりやすく，きれいな発音でできていました。 ・大きな声で，誰にでも理解できるように自己紹介をしていました。
Unit 2 誕生日	・誰とでも，大きな声で誕生日を尋ねたり答えたりしていました。 ・自分の好きなものや欲しいものを的確に相手に伝えていました。
Unit 3 時間割，職業	・理想の時間割を考えて，きれいな英語で説明していました。 ・将来なりたい職業と理由を流暢な英語で伝えていました。
Unit 4 一日の生活	・自分の一日の生活を学習した英語を使って，しっかり伝えていました。 ・友達と自分の一日の生活とを比較して，英語で説明していました。
Unit 5 できること	・自分の得意なことと苦手なこととを分かりやすく発表していました。 ・友達のできることとできないこととを的確に尋ねていました。
Unit 6 位置と場所	・道案内を友達や ALT の先生に正確にすることができていました。 ・町にある建物や場所の名前を英語で正確に言うことができました。
Unit 7 料理と値段	・自分の好きな食べ物について，理由も含めて説明していました。 ・レストランでの会話をやり遂げていました。
Unit 8 カードをつくろう	・兄弟の誕生日カードに正しい英語で文を書くことができていました。 ・さまざまなお祝いの表現を英語で知っていました。
Unit 9 あこがれの人	・あこがれの人について，辞書で調べて発表することができていました。 ・人を賞賛する表現を英語で身に付けていました。
Unit10 行ってみたい所	・自分の行ってみたい場所について，理由も含めてスピーチしていました。 ・難しい英語を使って，行ってみたい国を紹介することができていました。

これらからも分かるように，授業で指導した内容に関する文言を入れることで，読んでいる側もイメージしやすくなり，授業に対する好感度も増すと思われる。

2　1年間の外国語全般を通しての記入例

　通知表に5年生1年間の授業での特筆すべき事項を記入する際には，指導要録とは異なり，保護者や子ども達が家庭で読んだ際に，より具体的な子どもの姿が浮かんでくるような文言にすることが絶対に必要である。単元の内容やテーマに絞らず，1年間の外国語の授業を通して，子どもそれぞれが向上した能力などをまとめるのである。文の中には，それが外国語の授業の中で向上した点であることが一目で分かるように，外国語や英語などの語句を入れ込み，他の教科と差別化を図ることが必要である。

　例えば，次のような文が考えられる。

・アルファベットの大文字・小文字を丁寧に書いたり，文字の読み方を聞いて正しく文字を書いたりすることができました。

・クラス全体の前で，さまざまなテーマ（自己紹介，将来の夢，一日の生活など）について英語で話す場合には，大きな声で，みんなに分かるように自分の考えや気持ちを伝えることができていました。

・誰とでも元気良く英語を使って会話ができ，相手のことを考えながら，自分の話したいことを確実に伝えることができていました。

・友達やお家の人たちのためのさまざまなカード（誕生日カード，お正月カードなど）に書く英語のメッセージを一生懸命きれいに書くことができていました。

3　個人内評価として見取った部分の記入例

　通知表には，1年間の外国語の授業の中で，子ども達に見られた人間としての成長を家庭に伝えるために個人内評価の面を記入することも必要になる。内容的には，子どもの優れている点や進歩の状況などである。必要に応じて，効果があったと考えられる指導方法などを取り入れると，家庭でも同じことを行ってもらえるチャンスになることが考えられる。

　例えば，次のような文が考えられる。

・グループで友達を助け合いながら英語での発表を考え，クラスの前で元気よく発表をすることができていました。

・外国語の授業では，はじめは大きな声で英語を話すことはむずかしかったのですが，最近，恥ずかしがらずに大きな声を出せるようになりました。

・英語の歌が大好きで，大きな声で元気よく歌うことができていました。

・困っている友達のために，英語を教えてあげたり，一緒に英語のスピーチ原稿を書いてあげたりしていました。

・将来は英語を使う仕事につきたいと言っていました。

---

1 単元ごとの記入例

6年の指導要録に記入するポイントは5年生とほぼ同じであるが，気にかけておきたいことは，中学校も見据えた文言を意識しておくことである。5年生とは指導する内容や技能面も難しくなり，困難を感じている子どももいることから，可能な限り，些細な点でも優れている点を見取りながら記入していきたいものである。

例えば，次のような記入内容が考えられる。

6年単元	指導要録（総合所見及び指導上参考となる諸事項）記入例
Unit 1 自己紹介	・外国語では，既習語彙や表現に止まらず，辞書等で調べた語彙表現を用いて，自分自身のことを詳しく紹介していた。
Unit 2 日本の文化	・外国人に日本を紹介するために，さまざまな興味のある事柄を調べあげて，それらを英文にすることができていた。
Unit 3 人物紹介	・友達や先生，家族のことを紹介するために，正しい語順で英文を書くことができていた。
Unit 4 地球の生き物たち	・環境問題に関する英文を読んだり，環境改善のために自分たちができることを友達と話し合ったりしながら，英文にまとめることができていた。
Unit 5 夏休みの思い出	・夏休みの思い出について，さまざまな語彙や表現を用いながら，聞き手を意識して，発表をすることができていた。
Unit 6 スポーツ	・スポーツに関して，自分の好きな競技や，やってみたい競技について，友達と英語で的確に伝え合うことができていた。
Unit 7 町紹介	・自分の町のことについて，さまざまな調べ学習をした上で，英文にまとめ，すばらしい発表をすることができていた。
Unit 8 小学校の思い出	・6年間を振り返りながら，心に残る思い出を英文で書き，クラス全体の前で堂々と発表することができていた。
Unit 9 将来の夢	・将来の夢について，なりたい職業や生活の状況について，辞書等を参考にして英文にまとめ，全体の前で発表することができていた。
Unit10 中学校生活	・中学校でのクラブ活動，勉強面，生活面などについて，自分の考えや気持ちを英語にまとめ，発表することができていた。

これらからも分かるように，子どもができたところや優れていたところを具体的に記入する。そして，その単元に関わることは内容に止めず，中学校の外国語の授業にもつながる能力に焦点を当てて表記していきたい。

2 1年間の外国語全般を通しての記入例

　単元の内容やテーマに止まらず，1年間を通した全般的な育ちを記入し，中学校との連携を考えながら技能面や思考・判断・表現面の優れた部分を表記していきたい。特に，6年生から重点的に指導が始まる読むことや書くことにも触れ，中学校との連携なども視野に入れて書いていく。また，外国語教育は小学校で終了するものではなく，生涯に渡って学んでいくものであり，仕事等で使用する場合も多いことから，これらの点も考慮して，子どもの成長を記載していく。

　例えば，次のような文を箇条書きすることも考えられる。

・英語の単語や表現を書き写したり，自らテーマに沿って英文を正しい語順で書いたりすることができていた。

・既習の語彙や表現以外の未習の語彙や表現が書かれた英文を，前後の語彙などから推測して，文や文章の意味を理解できていた。

・自然環境や人権問題に関する高度な内容に関しても，辞書などを駆使し，自分の考えや意見を英語でまとめ，発表することができていた。

・英語でのプレゼンテーションにも慣れ，パワーポイントなどを利用しながら，自分の考えを紹介することができていた。

・誰とでも抵抗なく英語で話すことができ，相手の意向を汲み取ったり，自分の考えや気持ちを的確に伝えたりすることができていた。

---

3 個人内評価として見取った部分の記入例

　6年生ともなれば，子どもの知的レベルも高くなり，さまざまな場面で相手に配慮することができるようになってきている。このような，外国語に関する知識や技能以外の部分で，外国語の授業を通して育成された部分，個人内評価として顕著に優れている部分を記入していきたい。これらは，中学校での生活指導にもつながっていくことになる。

　例えば，次のような文を箇条書きすることも考えられる。

・スピーチをする際，聞いている友達の理解度を計りながらスピードを調整したり，くり返し話したりして，みんなに伝わるように工夫していた。

・支援の必要な友達には，どこまでできるのかを考えながら，苦手な部分を克服できるように，一緒に課題を解決するようにサポートしていた。

・ショウ・アンド・テルの準備のために，教材や教具を手間暇かけて作成し，魅力的な発表を行っていた。

・英語を人一倍楽しみ，英語を話せるようになりたいと日頃から努力していた。

---

1 単元ごとの記入例

　通知表の所見欄には，最終学年でできるようになったことや心根の優しい部分などを書いていく。外国語は本来，人と人とをむすぶコミュニケーションを学ぶ教科である。英単語をいくつ知っているか，文法をいくつ知っているか，英語が聞き取れるかなど，技能面を重要視するきらいがある。しかし，その根底にある人とどのように結びつくか，人に愛されるかなど，言葉やコミュニケーションを通して育つ部分も大きい。これは，外国語活動で言われるコミュニケーションの素地と呼ばれるものである。このような部分を軽視すると，将来に渡ってコミュニケーション能力など向上するはずもない。このような点も記入していきたい。

　例えば，次のような記入内容が考えられる。

6年単元	通知表（所見）記入例
Unit 1 自己紹介	・友達の自己紹介を英語で正確に聞き取ることができていました。 ・自己紹介を聞いている友達に合わせ，分かりやすいように話していました。
Unit 2 日本の文化	・グループの友達が全員できるように，気を配りながら発表していました。 ・インターネットで日本の文化について詳しく調べて，発表していました。
Unit 3 人物紹介	・友達や先生の良いところを，標準的な英語で説明することができました。 ・家族や先生の紹介を語句や表現を調べながら，素敵な英文を作りました。
Unit 4 地球の生き物たち	・自然環境の大切さを英語で読むことができました。 ・自分が地球を守るために何ができるのか，英語で書くことができました。
Unit 5 夏休みの思い出	・夏休みについて英語できれいにまとめて，発表していました。 ・家族で行った旅行について，英語で詳しく伝え合っていました。
Unit 6 スポーツ	・好きなスポーツについて，友達に賛同されるように話していました。 ・スポーツの単語を英語ですべて言えるようになっていました。
Unit 7 町紹介	・町のさまざまな魅力を調べ，全ての子どもの前で英語で紹介していました。 ・英語が苦手な友達に一生懸命に教えていました。
Unit 8 小学校の思い出	・6年間を思い出して，語順に注意しながら正しく英文を書いていました。 ・パワーポイントを用いて，6年間の思い出を効果的に紹介していました。
Unit 9 将来の夢	・将来なりたい職業や将来の自分の姿を英文でまとめることができました。 ・グループで，将来の夢に関する英文をお互いに正しく直していました。
Unit10 中学校生活	・中学校でしたいことを英語でまとめて，中学校の先生に話していました。 ・中学校でも英語を一生懸命勉強したいと英語で伝えていました。

2　1年間の外国語全般を通しての記入例

　通知表に6年生1年間の外国語の授業で特に努力した点や優れていた点を記入していく。5年生とは異なり，精神的にも成長し，外国語においてもさまざまな能力を向上させてきていると思われる。そのような中でも，中学校の外国語と連携が図られるような内容とし，しかも，それらが家庭でも支援できるような内容とすると，家庭内のコミュニケーションも密になり，外国語を通して更なる家庭内からの支援が期待できる。

　例えば，次のような文が考えられる。

- ・1年間学習した英語の語彙や表現を読んだり，書いたり，話したりすることができるようになりました。
- ・外国人の話している内容を理解したり，友達の話していることもすべて聞き取れるようになりました。
- ・英語による日常生活の会話では，特に困ることなく，誰とでも普通に話すことができるようになりました。
- ・クラスの子ども達の前や外国人の前で，自分の考えや気持ちを抵抗なく話すことができるようになりました。
- ・明るく誰とでも気軽に英語を使ってコミュニケーションが取れるようになりました。

3　個人内評価として見取った部分の記入例

　通知表には，6年生1年間の外国語の授業を通して，人間性の向上や他者への思いやりなど，普段の生活の中ではあまり見られない部分を個人内評価として記入する。6年生となり，精神的なレベルも向上したことで，その育ちの部分が，これからの中学校生活にもつながるので，そこを明確に伝えておきたい。

　例えば，次のような文が考えられる。

- ・外国語授業の準備を手伝ってくれて，非常に助かりました。
- ・外国語の授業が大好きで，どの友達よりも大きな声で，元気よく英語を話したり発表したりしていました。
- ・英語が苦手な友達のために，さまざまな助けをして，最後には，その友達も英語が分かるようになりました。
- ・英語の単語や文をきれいにノートに書いたり，黒板にもきれいに英文を書いたりできていました。
- ・困っている友達のために，英語の発音や意味，英文を書くために必要な準備を一緒にしてあげていました。

Chapter
4

実録で分かる！できる！
第5学年　新3観点の
外国語評価事例10

　Unit1　「聞くこと」「話すこと［発表］」「書くこと」の評価事例

単元名　Hello, everyone.　名刺交換をしよう

時 間 数　全7時間

言語材料　Hello.　Nice to meet you（too）.　How do you spell your name?　What ... do you like?

関連教材　「Hello, friends.　名刺交換をしよう。」（東京書籍）

「Hello, everyone.　名前や好きなものを言って，自己紹介をすることができる。」（光村図書）

「Nice to meet you.　名刺交換をしよう。」（開隆堂）

「Nice to meet you.　自己しょうかいしよう」（教育出版）

「I have many yo-yos.　わたしのコレクション［自己紹介］」（三省堂）

「I'm Hana.　H-a-n-a.　自己しょうかい・ローマ字」（啓林館）

「What sport do you like?　自己しょうかい」（学校図書）

■1単元の概要と授業づくりのポイント

①単元の概要

　五年生になって初めての単元であり，3，4年生でも学習した挨拶の進化形でもある。クラス替えで初めて出会う子どももいることから，復習として挨拶するところから始め，紙にアルファベットの文字で名前を書いた名刺を作り，それを交換したり，クラス全体の前で自己紹介をしたりする。

②授業づくりのポイント

　五つの領域の中でも，この単元では，外国語活動の復習も兼ねることから，「聞くこと」「話すこと［発表］」を中心に授業を組み立て，加えて，名刺に自分の名前を書くことなど，「書くこと」の活動も取り入れる。ただし，初めの単元でもあることから，「主体的に学習に取り組む態度」の面を中心に評価していく。

■2単元の目標

(1)挨拶の表現 Nice to meet you. や単語の綴りを尋ねる表現 How do you spell your name? を理解し，相手と伝え合うことができる。

(2)相手とよく知り合うために，基本的な表現を用いて，お互いの名前や好きなことなどについての自己紹介ができる。

(3)誰とでもコミュニケーションを図り，クラスの友達の前で積極的に自己紹介しようとする。

❸単元の評価規準

	知識・技能	思考・判断・表現	主体的に学習に取り組む態度
聞くこと	〈知識〉 　挨拶の受け答えの表現を理解している。 〈技能〉 　挨拶の表現や自分のことに関する質問を聞き取る技能を身に付けている。	相手の名前や好きなことについて，その概要を捉えている。	相手のことを知るために，積極的に話を聞いたり，発表を聞こうとしたりしている。
話すこと[発表]	〈知識〉 　自己紹介の発表の仕方について理解している。 〈技能〉 　自分のことについて全体の前で自己紹介をする技能を身に付けている。	自分のことについて，基本的な語句や表現を用いて，話している。	自己紹介では，自分を知ってもらうために，聞き手に配慮しながら発表しようとしている。
書くこと	〈知識〉 　自分の名前にあるアルファベットの活字体の大文字を理解している。 〈技能〉 　自分の名前をアルファベットの活字体の大文字を用いて，書く技能を身に付けている。	アルファベットの活字体の大文字を用いて，自分の名前を書いている。	アルファベットの活字体の大文字を用いて，自分の名前を書こうとしている。

❹単元の指導と評価の計画（全7時間）

時	学習活動と指導のポイント（○）	評価規準（【　】）　評価方法（（　））
1	①教師の自己紹介（スモールトーク）を聞き，単元のテーマを理解する。 ②挨拶の表現を復習し，ペア，グループ，クラス全体で挨拶をする。 ○全員と挨拶をして，誰とでも話せる明るい雰囲気にする。	【知】挨拶の表現を思い出して，受け答えの表現を理解している。（**内容確認**） 【態】誰とでも積極的に挨拶を図ろうとしている。（**行動観察**）

2	①リスニングクイズで，友達の名前や好きなことを聞き取る。 ②ペアやグループで好きなことを尋ねたり答えたりする。 ○ What ... do you like? を使って尋ねさせる。	【思】相手の名前や好きなことについて，内容を捉えている。(教科書) 【態】相手のことを知るために，積極的に聞いたり話したりしようとしている。(行動観察)
3	①教師の名前を聞き，正しい名前の綴りを書く。 ②自分の名前を4線上に書く。 ○アルファベットの活字体の大文字が分からない場合には，アルファベット表を参考にさせる。	【技】音声を聞いて，正しい文字を書く技能を身に付けている。(ワークシート) 【技】自分の名前を正しく書く技能を身に付けている。(ワークシート)
4	①自分の名前を正しく綴った名刺を作成する。 ②作成した名刺をペア，グループ内で，挨拶しながら，交換する。 ○厚手の名刺大の用紙を用意する。	【技】自分の名前を正しく書く技能を身に付けている。(ワークシート) 【思】ペアやグループの友達と名刺交換をしている。(行動観察)
5	①クラス全体で，名刺交換を行う。 ②教師の自己紹介を聞き，発表に向けての準備をする。 ○教師のモデルスピーチを聞かせ，スピーチの仕方を理解させる。 ○4線上に自己紹介文を書かせるが，英文に極力ルビはふらないようにさせる。	【態】積極的に名刺交換をしようとしている。(行動観察) 【思】簡単な語句や表現を用いて，自分のことについての発表原稿を作成している。(ノート)
6	①再度，教師のモデルスピーチを聞き，自分の発表原稿を再考する。 ②作成した発表原稿を用いて，ペアとグループで模擬発表会をする。 ○子どもが知らない語句や表現は，適宜教える。	【思】発表原稿をより良いものにしている。(ノート) 【態】作成した原稿を用いて，積極的に発表しようとしている。(行動観察)
7 (本時)	①全体の前で自己紹介をする。 ②聞く側は，発表内容をワークシートに簡潔にまとめて書く。 ○個々の発表はビデオに撮り，後の評価に活用する。	【思】自分のことについて，基本的な語句や表現を用いて，発表している。(行動観察) 【思】相手の名前や好きなことについて，内容を捉えている。(ワークシート)

5 本時の指導と評価の実際

①単元 「Hello, everyone. 名刺交換をしよう」（7／7時間）

②目標
　・自分のことについて，基本的な語句や表現を用いて，発表できる。
　・相手のことを知るために，積極的に発表を聞こうとする。

③準備物　ビデオカメラ，発表用ワークシート（発表側），内容確認ワークシート（聞く側），
　　　振り返りシート

	児童の活動（○）	指導者の活動（・）　評価（方法）（◎）　指導のポイント（●）
5分	○挨拶をする。 ○今日の目標を確認する。	・全体に挨拶をし，数名に天気や気持ちを尋ねる。 ●発表することに緊張している子どももいることから，少し和むような話を加える。 みんなが理解できるような自己しょうかいをしよう。
5分	○発表の準備をする。 ○発表の注意事項を確認する。	・ペアで発表の最後の練習をさせる。 ・発表の仕方，順番を説明する。同時に評価ポイントを伝える。 【評価のポイント】 ◎自分のことについて，基本的な語句や表現を用いて，発表している。（行動観察） ◎相手の名前や好きなことについて，内容を捉えている。（ワークシート） ・発表内容を確認するプリントを配布する。
20分	○順番に発表する。 ○聞く側は，聞いた内容をワークシートに簡潔に書く。	●第1回目の発表であることから，発表の順は，出席の順番とする。それ以後の発表の場合には，教師側が子どもの状況を判断しながら順番を決める。特に1番目に誰を指名するかが発表の成否を左右する。1番目に指名してはいけない子どもは以下の通りである。 NG1 クラス内で最も英語の学力が高い子ども （他の子ども達はすごいと思う反面，自分にはできそうにないと思い，テンションが下がり，盛り上がらない発表会となってしまう。） NG2 クラス内で最も英語が苦手な子ども （他の子ども達は，あの程度の発表でよいのかと思い，

		テンションも上がらず，真剣に発表に取り組まない子どもが出てくることになる。） ●クラスの規模にもよるが，一人一人に発表の後に簡単なコメントをしたり，または，５人くらい発表した後でコメントをしたりしてもよい。 ・発表をビデオで録画する。
10分	○スピーチの内容を確認する。	・ワークシートに書いたスピーチの内容を確認する。
5分	○振り返りをする。 ○終わりの挨拶をする。	・発表についてのコメントをする。

⑥評価規準例（第7時）

①Ａ・Ｂ・Ｃの状況

Ａ　十分満足できる	Ｂ　おおむね満足できる	Ｃ　努力を要する
◎自分のことについて，自ら調べた語句や表現を用いて，誰にでも分かるように発表をしている。	◎自分のことについて，基本的な語句や表現を用いて，発表している。	◎発表を途中で終えたり，日本語で話したりして，英語で発表していない。
◎相手の名前や好きなことについて，具体的に内容を捉えている。	◎相手の名前や好きなことについて，内容を捉えている。	◎発表を聞いていない。

②どの子どももＢ以上の評価にするための手立て

　高学年では正確さや流暢さは求めないとしているが，英語を流暢に話せることは子ども達にとっては憧れである。そこで，モデル（ALT等）となるスピーチを何度も何度も聞かせ，発音やリズムに慣れさせることである。我流の発音や音読だけは避けさせたい。

③Ｃの子どもの状況への支援の具体例

　特に，支援が必要な子どもに対しては，子どもの原稿をモデル（ALT等）に読んでもらい，それを録音して，子どもに何度も何度も聞かせて真似をさせることである。特に，単語にふったルビは絶対に目にさせないことである。加えて，練習の都度，上達の具合を具体的に伝え，褒めながら何度も練習をさせる。

7 評価テスト（パフォーマンステスト）

①発表用ワークシート（モデルを示し，下線部を自分のことに書き換えさせる。）

【Example】

Hello.

My name is Mai.　M-A-I.　MAI.

I like strawberries.

I like soccer very much.

What sport do you like?

Thank you.

【word box】

apple, melon, cherry, pineapple, banana, lemon, tomato, cake, ice cream, donut, pudding, sushi, cream puff, steak, sukiyaki, spaghetti, yogurt, pizza, omelet, swimming, basketball, volleyball, baseball, tennis, food, color, pink, blue, white, red, yellow, black

②聞き取り用ワークシート

Name	スピーチの内容
Aoyama Ai	
Asada Yui	
Ito Takahiro	
Ueda Maiko	

単元名 When is your birthday? バースデーカードをおくろう

時 間 数　全7時間

言語材料　When is your birthday?　My birthday is....　What do you want for your birthday?
　　　　　I want....　Thank you.　This is for you.　Here you are.

関連教材　「When is your birthday?　バースデーカードをおくろう。」（東京書籍）

　　　　　「When is your birthday?　誕生日や誕生日にほしいプレゼントをたずね合うことが
　　　　　できる。」（光村図書）

　　　　　「When is your birthday?　クラスの誕生日ポスターを作ろう。」（開隆堂）

　　　　　「When is your birthday?　たんじょう日カレンダーをつくろう」（教育出版）

　　　　　「My birthday is May 10th.　行事・たんじょう日」（啓林館）

　　　　　「When is your birthday?　誕生日・ほしいもの」（学校図書）

1単元の概要と授業づくりのポイント

①単元の概要

　本単元は，誕生日や誕生日に欲しいものを尋ね合い，バースデーカードを贈るという内容である。誕生日は，子どもが互いに知りたいと思っていることの一つであり，友達と伝え合う楽しさを味わうことでコミュニケーションへの主体性が育つことが期待される。また，バースデーカードを作る目的のために，誕生日を尋ね合うという必然性がある。

　3，4年生の外国語活動で慣れ親しんできた言語材料が，本単元で行う言語活動でくり返し活用されており，子どもが何度もやり取りする中で次第に言語材料が定着していくよう配慮されている。子どもが誕生日や誕生日に欲しいものを伝え合った後，バースデーカードに英語の文字を書き写すなど，音声で十分に慣れ親しんだ文字を，書く活動につなげていく。

②授業づくりのポイント

　この単元では，「聞くこと」「話すこと［やり取り］」の領域に焦点を当てて授業を組み立てる。

　子どもが，自分のことをよく知ってもらったり相手のことをよく知ったりするために，相手の誕生日や好きなもの，欲しいものなどの情報を聞き取ったり，伝え合ったりする活動を中心に据えていく。「誕生日」を題材として「話すこと［やり取り］」の活動を行わせるためには，月の言い方や誕生日の尋ね方，答え方などを理解させるとともに，それらの言語材料を用いて具体的な情報を聞き取ったり，お互いの考えを伝え合ったりする場を設定する必要がある。ある程度の即興性が求められるとともに，工夫しながら考えや気持ちを伝え合おうとする「思考・判断・表現」及び「主体的に学習に取り組む態度」の面を中心に評価していく。

2 単元の目標

(1)誕生日や誕生日に欲しいものについて聞いて理解したり，尋ね合ったりすることができる。

(2)誕生日や誕生日に欲しいもの，好きなものなどについて伝え合うことができる。

(3)クラスの友達に配慮しながら，誕生日や誕生日に欲しいもの，好きなものなどについて伝えようとする。

3 単元の評価規準

	知識・技能	思考・判断・表現	主体的に学習に取り組む態度
聞くこと	〈知識〉 　月日の言い方や誕生日の尋ね方や答え方について理解している。 〈技能〉 　誕生日や誕生日に欲しいもの，好きなものなど，具体的な情報を聞き取る技能を身に付けている。	相手のことをよく知るために，誕生日や誕生日に欲しいもの，好きなものなど，情報を聞いて，その概要を捉えている。	相手のことをよく知るために，誕生日や誕生日に欲しいもの，好きなものなどの情報を聞き取ろうとしている。
話すこと[やり取り]	〈知識〉 　月日の言い方や誕生日の尋ね方や答え方について理解している。 〈技能〉 　誕生日や誕生日に欲しいもの，好きなものなど，考えや気持ちを伝え合う技能を身に付けている。	互いのことをよく知るために，誕生日や誕生日に欲しいもの，好きなものなどについて，簡単な語句や基本的な表現を用いて，考えや気持ちを伝え合っている。	互いのことをよく知るために，誕生日や誕生日に欲しいもの，好きなものなどについて，簡単な語句や基本的な表現を用いて，考えや気持ちを伝え合おうとしている。
書くこと	〈知識〉 　バースデーカードにあるアルファベットの活字体の大文字を理解している。 〈技能〉 　アルファベットの活字体の大文字を正しく4線上に書く技能を身に付けている。	アルファベットの活字体の大文字を用いて，バースデーカードを書いている。	アルファベットの大文字を用いて，バースデーカードを書こうとしている。

◢4 単元の指導と評価の計画（全7時間）

時	学習活動と指導のポイント（○）	評価規準（【 】） 評価方法（（ ））
1	①教師と ALT のやり取り（スモールトーク）を聞き，単元のテーマを理解する。 ②ポインティングゲームやキーワードゲームを行い，月を表す単語について音声で慣れ親しむ。 ○さまざまな活動を通して月の言い方を何度も聞かせる。	【知】月名を表す単語を聞いて理解している。（行動観察） 【態】教師や ALT が話す月の言い方を理解しようとしている。（行動観察）
2	①教師と ALT のやり取りを聞き，誕生日の尋ね方や答え方について理解する。 ②ペアやグループで誕生日を尋ねたり答えたりする。 ○ When is your birthday? を用いて尋ね合わせる。	【知】誕生日の尋ね方や答え方について，理解している。（行動観察） 【態】相手のことを知るために，積極的に聞いたり話したりしようとしている。（行動観察）
3	①スモールトークで，教師と子どものやり取り，子ども同士のやり取りを行う。 ②チャンツなどで，誕生日の言い方や尋ね方などを聞いたり言ったりする。 ○自信なく活動に取り組んでいる子どもの様子を見取り，チャンツやゲームなどで誕生日の言い方や尋ね方に何度も触れさせる。	【知】誕生日の尋ね方や答え方について，理解している。（行動観察） 【態】相手のことを知るために，積極的に聞いたり話したりしようとしている。（行動観察）
4	①ラインアップゲーム（誕生日を尋ね合い，早い順に並ぶ活動）を行う。 ②ペア，グループ内で，誕生日と誕生日に欲しいプレゼントについて聞いたり答えたりする。 ○ What do you want for your birthday? I want .... の表現等を用いて尋ね合わせる。	【思】誕生日や誕生日に欲しいものについて，What do you want for your birthday? I want .... 等を用いて，考えや気持ちを伝え合っている。（行動観察） 【態】What do you want for your birthday? I want .... 等を用いて，考えや気持ちを聞いたり話したりしようとしている。（行動観察）
5 （本時）	①チャンツ等で，誕生日と誕生日に欲しいプレゼントについて聞いたり答えたりする表現に慣れる。 ②教師，ALT または映像等による誕生日な	【思】教師や ALT が話す誕生日などについての短い英語を聞いて，具体的な情報を捉えている。（ワークシート） 【態】教師や ALT が話す誕生日などに

	どについての短い英語を聞いて，具体的な情報を聞き取る。 ○「聞くこと」に関して，記録に残す評価を行う。	ついての短い英語を聞いて，具体的な情報を聞き取ろうとしている。**(行動観察，ワークシート)**
6	①スモールトークで，教師と子どものやり取り，子ども同士のやり取りを行い，誕生日や誕生日に欲しいもの，好きなものなど，考えや気持ちを伝え合う。 ②アルファベットの活字体の大文字を用いて，バースデーカードを書く。 ○子どもが知らない語句や表現は，適宜教える。	**【技】** アルファベットの大文字を正しく4線上に書く技能を身に付けている。**(ワークシート，行動観察)** **【態】** アルファベットの大文字を用いて，バースデーカードを書こうとしている。**(ワークシート，行動観察)**
7	①スモールトークを行う。 ②誕生日や誕生日に欲しいもの，好きなものなどについて，考えや気持ちを聞いたり答えたりする。 ○「話すこと [やり取り]」について，記録に残す評価を行う。発表会形式で実施する場合はビデオで撮り，後の評価に活用する。	**【思】** 誕生日や誕生日に欲しいもの，好きなものなどについて，簡単な語句や基本的な表現を用いて，考えや気持ちを伝え合っている。**(行動観察)** **【思】** 誕生日や誕生日に欲しいもの，好きなものなどについて，簡単な語句や基本的な表現を用いて，考えや気持ちを伝え合おうとしている。**(行動観察，記述)**

⑤本時の指導と評価の実際

①単元 「When is your birthday? バースデーカードをおくろう」（5／7時間）

②目標
・教師や ALT が話す誕生日などについての短い英語を聞いて，具体的な情報を聞き取ることができる。
・相手のことを知るために，ALT が話す誕生日などについての短い英語を聞いて，具体的な情報を聞き取ろうとする。

③準備物　内容確認のためのワークシート，振り返りシートなど

	児童の活動（○）	指導者の活動（・）　評価（方法）（◎）　指導のポイント（●）
5分	○挨拶をする。 ○チャンツ	・全体に挨拶をして，数名に天気や気持ちを尋ねる。 ●前時までに誕生日を聞き取ることが不十分な子どもがい

	'When is your birthday?'	た場合，チャンツ等を活用して，本時の目標達成に向けた指導を行う。
	○今日の目標を確認する。	誕生日や誕生日に欲しいプレゼントを聞き取ろう。
10分	○スモールトーク ○ラインアップゲーム	・教師と子ども，子ども同士のやり取りを行う。 ・グループで誕生日を尋ね合い，誕生日の早い順に並ばせる。
15分	○インタビューゲーム	・教室内で自由に質問し合いながら，①同じ月の生まれの人，②欲しいプレゼントが同じ人，③好きなことが同じ人を見つけさせる。 ●相手を替えながら積極的に質問し合うよう促す。
10分	○ ALT の話す英語を聞き取る。	・誕生日，欲しいもの，好きなものについて，聞き取り，ワークシートに内容を記載させる。 【評価のポイント】 ◎教師や ALT の誕生日，欲しいもの，好きなものの三つを聞き取っている。(ワークシート) ◎相手の誕生日や好きなことについて，内容を捉えようとしている。(行動観察，ワークシート) ・聞き取った内容の確認を行う。
5分	○振り返りをする。 ○終わりの挨拶をする。	・子どもたちに感想を発表させる。 ・本時についてのコメントをする。

6 評価規準例（第5時）

①A・B・C の状況

A 十分満足できる	B おおむね満足できる	C 努力を要する
◎ALT の誕生日，欲しいもの，好きなものをすべて聞き取っている。	◎ALT の誕生日，欲しいもの，好きなものを二つ聞き取っている。	◎ALT の誕生日，欲しいもの，好きなものを聞き取れない。
◎相手の誕生日や好きなことについて，具体的に内容を捉えようとしている。	◎相手の誕生日や好きなことについて，内容を捉えようとしている。	◎英語を聞き取ろうとしない。

②どの子どもも B 以上の評価にするための手立て

　単元を通して，月の言い方や誕生日の尋ね方や答え方に何度も出会わせる。チャンツやゲー

ム性のある活動でも言語材料をインプットしたり，評価場面に至るまで十分に英語の音声に慣れる経験をさせることが大切である。

③Ｃの子どもの状況への支援の具体例

　特に，支援が必要な子どもに対しては，聞き取った内容をワークシートに記載させるのではなく，あらかじめ準備した数枚の絵カードの中から，教師が話した内容を選ばせるなど，情報を限定して取り組ませる。

7 **評価テスト（パフォーマンステスト）**
①ワークシート

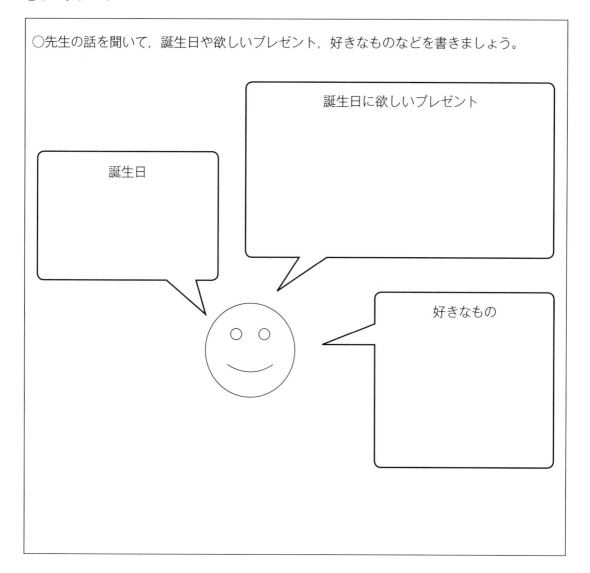

3 Unit3 「聞くこと」「話すこと[やり取り]」「書くこと」の評価事例

単元名 What do you have on Mondays?　ある職業になるための時間割を作ろう

時間数 全7時間

言語材料 What subjects do you like?　I like ... and ....

What do you have on ... ?　I have ..., ... and ....

関連教材 「What do you want to study?　夢に近づく時間割を紹介しよう。」（東京書籍）

「What do you have on Monday?　教科や曜日など時間割について伝えることができる。」（光村図書）

「What do you have on Mondays?　ある職業になるための時間割を作ろう。」（開隆堂）

「I have P.E. on Monday.　夢の時間わりをつくろう」（教育出版）

「I study math on Monday.　学校生活・教科」（啓林館）

「What do you have on Fridays?　教科・習い事」（学校図書）

■1 単元の概要と授業づくりのポイント

①単元の概要

　学校で学ぶ教科名を知り，自分自身のオリジナル時間割を作成して，クラスやグループ内で発表することを目標としている。その際，将来なりたい職業と教科とを関連付け，その職業に就くためには，どのような教科を学ぶ必要があるのかなどを考える。また，アルファベットの活字体を正しく認識し，さまざまな英単語を読めるようにしていくことも行う。

②授業づくりのポイント

　将来の目標となる職業と教科とをつなぎ，学ぶ意欲を喚起させ，キャリア教育とも関連付けていく。ポイントは二つ。一つは，教科の偏りである。職業と教科を関連付けすぎると，スポーツ選手になるために体育の授業だけを入れた時間割を作る可能性があるので，「頭の回転を速くするために算数が大切です」「海外でも活躍するためには英語が必要だね」などの前向きな言葉がけが大切になる。ただし，ここでは，発表を目標にはせず，教科名や曜日を正しく書き写しているかに二つ目のポイントを置いていく。

■2 単元の目標

(1)学びたい教科やなりたい職業を伝える語句や表現を身に付けることができる。また，アルファベットの活字体を書くことができる。

(2)学びたい教科やなりたい職業を伝える目的や場面，状況などに応じて，学習した語句や表現

を選択したり付け加えたりして伝え合うことができる。

(3)他者に配慮しながら，学びたい教科やなりたい職業を主体的に伝えようとする。

3 単元の評価規準

	知識・技能	思考・判断・表現	主体的に学習に取り組む態度
聞くこと	〈知識〉 　教科や職業の受け答えの表現を理解している。 〈技能〉 　教科や職業の質問を聞き取る技能を身に付けている。	教科や職業について，その話の概要を捉えている。	相手のことを知るために，積極的に話を聞いたり，発表を聞こうとしたりしている。
話すこと[やりとり]	〈知識〉 　時間割や将来の目標についての質問の仕方や表現について理解している。 〈技能〉 　時間割などの質問を尋ねる技能を身に付けている。	時間割や将来の目標について，基本的な語句や表現を用いて，伝え合っている。	時間割の紹介では，自分の将来の目標を知ってもらうために，聞き手に配慮しながら発表しようとしている。
書くこと	〈知識〉 　アルファベットの活字体の大文字と小文字を理解している。 〈技能〉 　教科や職業を表す語彙を書き写す技能を身に付けている。	教科や職業を表す語彙を確認しながら正しく書き写している。	教科や職業を表す語彙を書き写そうとしている。

4 単元の指導と評価の計画（全7時間）

時	学習活動と指導のポイント（○）	評価規準（【　】）　評価方法（（　））
1	①教師の自己紹介（スモールトーク）を聞き，単元のテーマを理解する。 ②教科や時間割の表現を，映像を使って学習し，ペア，クラス全体で共有する。 ○キーワードゲームを行い，教科の名前に慣れさせる。	【知】教科や時間割の表現を知り，理解している。（内容確認） 【態】誰とでも積極的にコミュニケーションを図ろうとしている。（行動観察）

2	①リスニングクイズで，好きな教科を聞き取る。 ②ペアやグループで好きな教科を尋ねたり答えたりする。 ○ What ... do you like? で尋ね合わせる。	【思】好きな教科について，内容を捉えている。（教科書） 【態】相手のことを知るために，積極的に聞いたり話したりしようとしている。（行動観察）
3 （本時）	①好きな教科や時間割を尋ねたり答えたりする。 ②自分の好きな教科を4線上に書く。 ○文字が分からない場合には，アルファベット表を参考にさせる。	【思】好きな教科や時間割を伝え合っている。（行動観察） 【技】自分の好きな教科を正しく書く技能を身に付けている。（ワークシート）
4	①職業に結び付きそうな教科を考える。 ②ペアやグループで好きな職業を尋ねたり答えたりする。 ○教師のモデルスピーチを聞かせ，スピーチの仕方を理解させる。	【態】なりたい職業と教科を積極的に結び付けようとしている。（行動観察） 【思】好きな職業と教科について，内容を捉えている。（教科書）
5	①将来の目標の職業を尋ね合う。 ②映像を見て，世界の小学生のなりたい職業について考える。 ○教師のモデルスピーチを聞かせ，スピーチの仕方を理解させる。 ○4線上に自己紹介の文を書かせるが，英文に極力ルビはふらないようにさせる。	【態】積極的になりたい職業を尋ね合おうとしている。（行動観察） 【思】簡単な語句や表現を用いて，自分のことについての発表原稿を作成している。（ノート）
6	①再度，教師のモデルスピーチを聞き，自分の発表原稿を再考する。 ②作成した発表原稿を用いて，ペアとグループで模擬発表会をする。 ○子どもが知らない語句や表現は，適宜教える。	【思】発表原稿をより良いものにしている。（ノート） 【態】作成した原稿を用いて，積極的に発表しようとしている。（行動観察）
7	①全体の前で自己紹介をする。 ②聞く側は，発表内容をワークシートに簡潔にまとめて書く。 ○個々の発表はビデオで撮り，後の評価に活用する。	【思】自分のことについて，基本的な語句や表現を用いて，発表している。（行動観察） 【思】相手のなりたい職業やそのために必要な教科について，内容を捉えている。（ノート）

5 本時の指導と評価の実際

①単元 「What do you have on Mondays?　ある職業になるための時間割を作ろう」（3／7
時間）

②目標

・好きな教科や時間割について，基本的な語句や表現を用いて，伝え合うことができる。
・自分の好きな教科について，積極的に書こうとする。

③準備物　ワークシート（聞く側），ワークシート（書く側），振り返りシート

	児童の活動（○）	指導者の活動（・）　評価（方法）（◎）　指導のポイント（●）
5分	○挨拶をする。 ○今日の目標を確認する。	・全体に挨拶をし，数名に曜日を尋ねる。 ●自信がない子どもがいたら，歌を使って曜日の言い方を再確認する。 好きな教科や時間割について尋ねてみよう。
5分	○チャンツをする。 What subjects do you like?	・全体で聞かせる。 ・どのような言葉が聞こえたかを確認する。 ●フラッシュカードを使いながら，日本語訳をせずに言わせる。 ・3〜4回言うようにする。
5分	○曜日を当てるクイズをする	・最初は子どもから質問させ，教師が答える。 ・時間割を用いて，What subjects do you like? と聞かせ，その教科のある曜日を探させる。 ●やり取りの中で，尋ね方を繰り返し行い，慣れていくようにする。 ・ルールが分かったらペア，グループと行っていく。
15分	○好きな教科を尋ね合う。 ○聞く側は，聞いた内容をワークシートに簡潔に書く。	・ペアで尋ね合わせる。 ・グループで尋ね合わせる。 【評価のポイント】 ◎好きな教科や時間割について，基本的な語句や表現を用いて，伝え合っている。**(行動観察)** ◎自分の好きな教科を正しく書いている。**(ワークシート)**
10分	○自分の好きな教科を書く。	・自分の好きな教科を一つ選び，教科書を見ながら，ワークシートに写して書かせる。 ●教師がモデルを示し，書き方を見せる。

		●上手に書くことができた子どもの文字を手本として全体に見せる。
5分	○振り返りをする。 ○終わりの挨拶をする。	・今日の授業についてのコメントをする。 ・次回の予告をする。

6 評価規準例（第3時）

① A・B・Cの状況

A　十分満足できる	B　おおむね満足できる	C　努力を要する
◎自分の好きな教科や時間割について，自ら学んだ語句や表現を用いて，誰にでも分かるように伝え合っている。	◎自分の好きな教科や時間割について，基本的な語句や表現を用いて，伝え合っている。	◎相手に伝わらなかったり，日本語で話したりしている。
◎自分の好きな教科について，全て正確に4線上に書いている。	◎自分の好きな教科についてほぼ正しく書いている。	◎自分の好きな教科を4線上に書けない。

② どの子どももB以上の評価にするための手立て

　モデル（ALT等）となるスピーチを何度も何度も聞かせたい。そこで，チャンツや歌はもちろんのこと，ゲームやクイズの際に全身を使いながら発音させ，発音やリズムに慣れさせることが大切である。また，書き写すことに苦手意識を持たせないように，何度も褒めて書かせるようにする。もっとも大切なことは，発音させながら，書き写させることである。これにより，音と文字，単語がつながり，定着も早くなる。

③ Cの子どもの状況への支援の具体例

　特に，支援が必要な子どもに対しては，ペア学習の時に，教師も入り，3人グループを作り，その子がどこでつまずいているかを確認して，その部分を補強していくことが必要になる。また，子どもに何度も何度も教科名を聞かせながら書き写させることである。その際，リズミカルに読んであげると，子どもは楽しく書き写すようになる。そして練習の都度，上達の具合を具体的に伝え，褒めながら何度も練習をさせる。

7 評価テスト（パフォーマンステスト）

①発表用ワークシート（モデルを示し，下線部を自分のことに書き換えさせる。）

【Example】

　　What subjects do you like?

　　I like <u>P.E.</u> and <u>English</u>.

　　So, I like <u>Tuesday</u>.

　　Thank you.

【word box】

　Japanese, math, social studies, science, English, music, arts and crafts, home economics, P.E.
　moral education, calligraphy,
　period for integrated study,
　Sunday, Monday, Tuesday, Wednesday, Thursday, Friday, Saturday

---

②聞き取り用ワークシート

Name	スピーチの内容
Sato Mai	
Takahashi Kenta	
Wada Shota	
Takimoto Mai	

単元名 **What time do you get up?** 自分の一日をしょうかいしよう

時 間 数　全7時間

言語材料　Do you take out the garbage?　Yes, I do. / No, I don't.　I usually〔always / sometimes / never〕wash the dishes.

　　　　　What time do you go to bed?　I usually go to bed at 11：00.

関連教材　「How is your school life?　宝物を伝え合おう。」（6年）（東京書籍）

　　　　　「What time do you get up?　家の手伝いや1日の生活についてたずね合うことができる。」（光村図書）

　　　　　「What time do you get up?　自分の一日をしょうかいしよう。」（6年）（開隆堂）

　　　　　「This is my dream day.　自由な一日の過ごし方を伝えよう」（教育出版）

　　　　　「I get up at 7：00.　一日の生活［一日にすることとその時間］」（三省堂）

　　　　　「I sometimes walk the dog.　1日の生活」（啓林館）

　　　　　「What time do you get up on Sundays?　一日の生活」（学校図書）

■1 単元の概要と授業づくりのポイント

①単元の概要

　一日の生活に関する表現を取り扱い，自分自身の生活の流れを説明したり，友達の生活について尋ねたりする。これらの表現は定型表現となっているので，何度も活用させながら慣れさせることが大切である。友達と自分の生活のリズムが異なることに気付き，自分自身の生活を見直す良いきっかけとする。

②授業づくりのポイント

　生活の動作を表す表現がたくさん出てくる。これらの多くは4年生 "Let's try! 2" で既習である。今回新しく出てくる表現も含めて，たくさんあるので，イラストを上手に活用しながらくり返し表現を使っていくことが大切である。ただくり返すだけではなく，フラッシュカードの出し方を工夫して推測させたり，動作をつけて考えさせたり，また，さまざまな言語活動で楽しくくり返すなどさまざまな方法で使うと定着しやすくなる。

　この単元でもbとd，uとnなど間違えやすい小文字が出てくる。音声に十分に慣れ親しんだ簡単な語句や基本的な表現を書くことをくり返しながら，書くことの抵抗感を減らしていきたい。

②単元の目標

(1)活字体の大文字・小文字を理解し，例を参考に伝え合いたい文を書き写すことができる。

(2)自分たちの生活について伝える目的や場面，状況などに応じて，学習した語句や表現を選択したり付け加えたりして伝え合うことができる。

(3)他者に配慮しながら，主体的に，自分の一日の生活について話そうとする。

③単元の評価規準

	知識・技能	思考・判断・表現	主体的に学習に取り組む態度
話すこと[やりとり]	〈知識〉 　一日の生活の質問の仕方について理解している。 〈技能〉 　一日の生活に関する質問をする技能を身に付けている。	一日の生活について，基本的な語句や表現を用いて，伝え合っている。	一日の生活の紹介では，普段の家での手伝いのことを知ってもらうために，聞き手に配慮しながら伝えようとしている。
話すこと[発表]	〈知識〉 　一日の生活に関する語句や表現を理解している。 〈技能〉 　一日の生活について，簡単な語句や基本的な表現を用いて話す技能を身につけている。	自分の一日の生活について，簡単な語句や基本的な表現を用いて話している。	聞いている子ども達に配慮しながら，主体的に英語を用いて話そうとしている。
書くこと	〈知識〉 　アルファベットの活字体の大文字，小文字を理解している。 〈技能〉 　アルファベットの活字体の大文字，小文字を正しく書き，一日の生活に関する語句や表現を書き写す技能を身に付けている。	一日の生活に関する語句や表現を書き写したり，自分の一日の生活について書いたりしている。	一日の生活について，主体的に英語を書き写したり書いたりしようとしている。

④単元の指導と評価の計画（全7時間）

時	学習活動と指導のポイント（○）	評価規準（【 】）評価方法（（ ））
1	①教師の自己紹介（スモールトーク）を聞き，	【知】一日の生活の表現を理解している。

	単元のテーマを理解する。	（内容確認）
	②一日の生活の表現を映像を使って学習し，ペア，クラス全体で共有する。	【態】誰とでも積極的にコミュニケーションを図ろうとしている。（行動観察）
	○キーワードゲームを使い，一日の生活の表現の言い方を慣れさせる。	
2	①ポインティングゲームなどを通して，頻度を表す表現の違いに気付く。	【知】頻度の表現について，内容を捉えている。（教科書）
	②ペアやグループで一日の生活の中で頻度が違うと思われることを尋ねたり答えたりする。	【態】相手のことを知るために，積極的に聞いたり話したりしようとしている。（行動観察）
	○ Do you wash the dishes? 等を使って尋ね合い，頻度も答えさせる。	
3	①一日の生活について普段することを教科書から選んで書く。	【態】教科書を見て，自分の選んだ語句を書き写そうとしている。（ワークシート）
	②選んだものを4線上に書く。	【技】自分の選んだ語句を正しく書き写す技能を身に付けている。（ワークシート）
	○文字が分からない場合には，アルファベット表を参考にさせる。	
4	①手伝いをどれくらい行っているのかを確認する。	【技】質問の仕方を理解し，手伝いについて質問する技能を身に付けている。（行動観察）
	②ペアやグループで，手伝いの頻度を比べる。	【思】ペアやグループの友達と手伝いについて伝え合っている。（ワークシート）
	○頻度を比べるための用紙を用意する。	
5	①一日の生活について，自分のものとグループの友達とを比べてみる。	【思】一日の生活について，基本的な語句や表現を用いて，伝え合っている。（ワークシート）
	②自分の一日の生活について，絵カードと発表原稿を作成する。	【態】相手のことを知るために，積極的に聞いたり話したりしようとしている。（行動観察，ワークシート）
	○ What time do you ...? を使い，時間を聞かせる。	
6	①教師のモデルスピーチを聞き，自分の発表原稿を考える。	【思】簡単な語句や表現を用いて，自分のことについての発表原稿を作成している。（ノート）
	②作成した絵カードと発表原稿を用いて，ペアとグループで模擬発表会をする。	【態】作成した原稿を用いて，積極的に発表しようとしている。（行動観察）
	○子どもが知らない語句や表現は，適宜教える。	

7 (本時)	①全体の前で自己紹介をする。 ②聞く側は，発表内容をワークシートに簡潔に書く。 　その結果，クラスの中で「手伝い賞」「早起き賞」「早寝賞」を決める。 ○個々の発表はビデオで撮り，後の評価に活用する。	【思】自分のことについて，基本的な語句や表現を用いて，発表している。(行動観察) 【思】相手の一日の生活について，内容を捉えている。(ワークシート)

5 本時の指導と評価の実際

①単元　「What time do you get up?　自分の一日をしょうかいしよう」（7／7時間）

②目標

　・自分の一日の生活について，基本的な語句や表現を用いて，発表できる。

　・クラスの中で一番の人を決めるために，積極的に発表を聞こうとする。

③準備物　ビデオカメラ，内容確認ワークシート（聞く側），振り返りシート

	児童の活動（○）	指導者の活動（・）　評価（方法）（◎）　指導のポイント（●）
5分	○挨拶をする。 ○スモールトーク ○今日の目標を確認する。	・全体に挨拶をし，スモールトークをする。 ●発表することに緊張している子どももいることから，少し和むように教師の一日を紹介し，時折子どもたちに質問をしてやり取りをする。 　自分の一日の生活を発表しよう。
5分	○発表の準備をする。 ○発表の注意事項を確認する。	・ペアで発表の最後の練習をさせる。 ・発表の仕方，順番を説明する。同時に評価ポイントを伝える。 【評価のポイント】 ◎自分のことについて，基本的な語句や表現を用いて，発表している。(行動観察) ◎相手の一日の生活について，内容を捉えている。(ワークシート) ・発表内容を確認するプリントを配布する。
20分	○順番に発表する。 ○聞く側は，聞いた内容をワークシートに簡潔に書	●全体で発表会をする。その合間に，聞いている側から質問をする時間も確保し，やり取りをする場を設けてもよい。

	く。	●クラス規模にもよるが，一人一人に発表の後に簡単なコメントを子どもたちにさせたり，または，5人くらい発表した後でコメントを子どもたちにさせたりしてもよい。 ・発表をビデオで録画する。
10分	○スピーチの内容を確認し，クラスのナンバーワン賞を決める。	・ワークシートに書いたスピーチの内容を確認する。 ●頻度や時間を表す言葉を確認しながら，クラスのナンバーワンを決める。
5分	○振り返りをする。 ○終わりの挨拶をする。	・発表についてのコメントをする。 ・次回の単元の予告をする。

6 評価規準例（第7時）

①A・B・Cの状況

A　十分満足できる	B　おおむね満足できる	C　努力を要する
◎自分のことについて，自ら調べた語句や表現を用いて，誰にでも分かるように発表をしている。	◎自分のことについて，基本的な語句や表現を用いて，発表している。	◎発表を途中で終えたり，日本語で話したりして，英語で発表していない。
◎相手の一日の生活時間や手伝いについて，具体的に内容を捉えている。	◎相手の一日の生活時間や手伝いについて，内容を捉えている。	◎発表を聞いていない。

②どの子どももB以上の評価にするための手立て

　まず，絵カードを持たせる。原稿はカードの後ろに念のために貼り付けるが，基本は見ないで言えるようにする。そのため，練習の時には見てもよいが，本番の時には，みんなの目を見て言うことを事前に予告をしておく。ALTやデジタル教材を活用し，くり返し耳にリズムや発音を聞かせておくと，スムーズに話すことができるようになる。

③Cの子どもの状況への支援の具体例

　特に，支援が必要な子どもに対しては，子どもの原稿とともに絵カードを持たせる。視覚的に分かりやすいものを持たせ，やる気を持たせながら，音声による練習を何度もくり返す。

　さらに，時間を聞かれた時の答えとして，数字の言い方をくり返し練習させる。練習の都度，上達の具合を具体的に伝え，褒めながら何度も練習をさせる。

7 評価テスト（パフォーマンステスト）

①発表用ワークシート（モデルを示し，下線部を自分のことに書き換えさせる。）

【Example】

What time do you get up?

I get up at 6：30.

What time do you go to bed?

I go to bed at 10：00.

Do you take out the garbage?

Yes, I do. I sometimes take out the garbage. /

No, I don't. I usually〔always / sometimes / never〕

wash the dishes.

【word box】

clean my room, clean the bath, clear the table, cook dinner,

do my homework, eat dinner, get the newspaper,

get up, go to bed, go to school,

set the table, take a bath, take out the garbage,

walk the dog, wash the dishes, always, usually ,

sometimes, never

②聞き取り用ワークシート

Name	always （手伝いを書く）	get up	do my homework	go to bed
Aoyama Aoi	wash the dishes	at 6：15	at 16：30	at 21：00
Tanaka Mei		at　　　：	at　　　：	at　　　：
Ishida Ken		at　　　：	at　　　：	at　　　：
Suzuki Sota		at　　　：	at　　　：	at　　　：

単元名 He can run fast. She can play the piano. 身近な人を紹介しよう

時 間 数 全7時間

言語材料 [I / You / He / She] [can / can't] play the piano.　Can you play the piano?

Yes, I can. / No, I can't.

関連教材 「He can bake bread well.　身近な人紹介カードを作ろう。」（東京書籍）

「He can run fast. She can do *kendama*.　自分や他の人ができることやできないことを紹介することができる。」（光村図書）

「Can you do this?　プロフィールカードを作ろう。」（開隆堂）

「I can run fast.　みんなの「できること」を集めよう」（教育出版）

「I can jump high. こんなこと，できる？［できること・とくいなこと］」（三省堂）

「She can sing well.　できること」（啓林館）

「Can you walk on *takeuma*?　できること」（学校図書）

■1単元の概要と授業づくりのポイント

①単元の概要

　学校の教職員について，できることやできないことを聞いたり言ったりして，身近な人について発表することを単元のゴールとする。初めはクラス内の友達とやり取りし，can を用いた基本的な表現に慣れ親しませてから，学校内の教職員（勉強を教わる教員だけでなく，養護教諭や栄養教諭，事務員等）にインタビュー活動を行う。普段親しく接している教職員は，どのようなことができるのか，できないことは何か，子どもは興味を持って取り組むことが考えられる。

②授業づくりのポイント

　この単元は，「話すこと［やり取り］」と「話すこと［発表］」を中心に授業を組み立てる。単元末には，できることとできないことについて，正しく聞き手に伝わるように話すことができるようにする。加えて，話された内容を捉えることができるかについての「聞くこと」の評価も取り入れる。

■2単元の目標

(1)自分や他の人のできることやできないことの表現を理解し，相手と伝え合うことができる。

(2)自分や他の人のできることやできないことについて，基本的な語句や表現を用いて発表することができる。

(3)学校内の教職員や友達のできることやできないことについて，積極的に相手の話を聞いて理解しようとしたり，聞き手に配慮しながら発表したりしようとする。

3 単元の評価規準

		知識・技能	思考・判断・表現	主体的に学習に取り組む態度
聞くこと		〈知識〉 　I can .... や Can you ...? を用いた表現を理解している。 〈技能〉 　I can .... や Can you ...? を用いた表現を聞き取る技能を身に付けている。	学校内の教職員や友達のできることやできないことについて，内容を捉えている。	学校内の教職員や友達のことを知るために，積極的に相手の話を聞いたり，発表を聞こうとしたりしている。
話すこと [やり取り]		〈知識〉 　I can .... や Can you ...? を用いた表現について理解している。 〈技能〉 　できることやできないことについて伝え合う技能を身に付けている。	学校内の教職員や友達のできることやできないことについて，基本的な語句や表現を用いて伝え合っている。	学校内の教職員や友達のことを知るために，基本的な語句や表現を用いて伝え合おうとしている。
書くこと [発表]		〈知識〉 　できることやできないことの表現について理解している。 〈技能〉 　できることやできないことについて紹介する技能を身に付けている。	学校内の教職員や友達のできることやできないことについて，基本的な語句や表現を用いて話している。	学校内の教職員や友達のことを知ってもらうために，聞き手に配慮しながら発表しようとしている。

4 単元の指導と評価の計画（全7時間）

時	学習活動と指導のポイント（○）	評価規準（【　】）　評価方法（（　））
1	①教師のスモールトークを聞き，単元のゴールについて見通しをもつ。 ②人物や動物等の絵を使い，ポインティングゲームをする。	【知】can や can't を用いた表現を理解している。（内容確認） 【態】できることやできないことについての表現を積極的に聞き取ろうとしてい

	○ can, can't を用いた表現に慣れさせる。	る。(行動観察)
2	①動物当てクイズをする。 ②教師のできることやできないことを当てる。 ○ Can you ...? を用いて尋ねる。	【思】できることやできないことについて内容を捉えている。(教科書) 【態】相手のことを知るために，積極的に聞いたり話したりしようとしている。(行動観察)
3	①ペアやグループで，できることやできないことを尋ねたり答えたりする。 ②自分ができることを4線上に書く。 ○動作を表すリストを用意する。	【思】できることやできないことについて伝え合っている。(行動観察) 【技】4線上に文字の高さ等に気を付けて書く技能を身に付けている。(ワークシート)
4	①友達にできることやできないことをインタビューする。 ②①で聞き取ったことをもとに，グループで Who am I? クイズをする。 ○インタビューする前に友達ができることやできないことを予想させる。	【思】基本的な語句や表現を用いて尋ねたり答えたりしている。(行動観察) 【態】相手のことを知るために，積極的に聞いたり話したりしようとしている。(行動観察)
5	①教師が，クラスの子どもを He / She を用いて紹介する。(モデルスピーチ) ②学校内の教職員にできることやできないことをインタビューする。 ○できるだけ多くの教職員にインタビューできるようにする。	【思】できることやできないことについて尋ねている。(行動観察) 【思】教職員のできることやできないことを予想して尋ねている。(ワークシート)
6	①発表の準備をする。 ②発表原稿を用いて，ペアやグループで練習し，アドバイスし合う。 ○できることやできないことが伝わるように発表することを意識させる。	【思】できることやできないことの表現を用いて発表原稿を書いている。(ワークシート) 【態】発表原稿をより良くしようとしている。(行動観察)
7 (本時)	①みんなの前で発表する。 ②聞く側は，発表内容をワークシートに簡潔に書く。 ○個々の発表はビデオで撮り，評価に活用する。	【思】基本的な語句や表現を用いて発表している。(行動観察) 【思】発表を聞いて内容を捉えている。(ワークシート)

5 本時の指導と評価の実際

①単元　「He can run fast.　She can play the piano.　身近な人を紹介しよう」（7／7時間）

②目標
　・学校内の教職員について，基本的な語句や表現を用いて発表できる。
　・学校内の教職員のことを知るために積極的に発表を聞こうとする。

③準備物　教職員の写真，ワークシート（聞く側），振り返りシート，ビデオカメラ

	児童の活動（○）	指導者の活動（・）　評価（方法）（◎）　指導のポイント（●）
3分	○挨拶をする。 ○今日の目標を確認する。	・全体に挨拶をし，数名に天気や気持ちを尋ねる。 先生たちのできることやできないことをわかりやすく伝えよう。
10分	○発表の準備をする。 ○発表の注意事項を確認する。	・ペアで発表の最後の練習をさせる。 ・発表の仕方，順番を説明する。同時に評価ポイントや振り返りシートの内容を伝える。 【評価のポイント】 ◎ can や can't を用いて発表している。（**行動観察**） ◎聞き手の方をしっかりと見たり，できることやできないことがきちんと伝わるように配慮したりしながら発表している。（**行動観察**） ◎発表の内容を捉えている。（**ワークシート**） ・ワークシートを配布する。
7分	○教職員のできることやできないことを予想し，ワークシートに書く。	・子どもが発表する教職員の名前は，あらかじめワークシートに書いておき，できることやできないことを予想させる。 ●あまり時間をかけずに簡潔に書かせる。
20分	○発表する。 ○聞く側は，聞いた内容をワークシートに書く。	・順番に発表させる。 ・数人が発表した後でコメントをしながら進める。 ・発表をビデオで録画する。 ●良い反応をしながら聞いている子どもがいれば積極的に取り上げて褒めるようにする。
5分	○振り返りをする。 ○終わりの挨拶をする。	・発表のポイントに沿って振り返らせる。 ・数人に発表させる。

⑥評価規準例（第7時）

①A・B・Cの状況

A　十分満足できる	B　おおむね満足できる	C　努力を要する
◎学校内の教職員のできることやできないことについて，内容が正確に聞き手に伝わるように工夫しながら発表している。	◎学校内の教職員のできることやできないことについて，基本的な語句や表現を用いて発表している。	◎発表を途中で終えたり，日本語で話したりして，英語で発表していない。
◎学校内の教職員のできることやできないことについて聞いて，正確に内容を捉えている。	◎学校内の教職員のできることやできないことについて，おおむね内容を捉えている。	◎発表を聞いていない。

②どの子どももB以上の評価にするための手立て

　事前に子どもがインタビューしたワークシートを使って発表原稿を作ると，できることやできないことが混在したままになり，聞き手にとって内容を捉えにくい発表になる。そこで，まずcanの文，その後can'tの文の順で，発表内容を整理させる。また，自分では正しく言っているつもりでも，canとcan'tは聞き分けにくいので，can'tの表現では，ゆっくりと（can'tの下線部のところを少し強く）言わせたり，胸の前で両手で×をする等の簡単なジェスチャーをさせたりすると伝わりやすい。

③Cの子どもの状況への支援の具体例

　教職員へのインタビューでは，その子どもと普段から関わりのある教職員を充て，安心して活動できるようにする。本時の発表前には子ども達に教職員についてしっかりと予想させ，興味を持って聞かせるようにする。

　また，子どもが発表するとき，分からなくなって話を止めても，他の子が待ってあげたり，途中で教師が支援に入っても受け入れられたりするような，あたたかい学級を普段から作っておきたいものである。

　特に，このような子どもには，発表の練習の時から，リズムに合わせて読ませるようにすると，発表の時に，教師がリズムをとってあげると，上手に発表できるようになるものである。

7 評価テスト（パフォーマンステスト）

①発表用ワークシート

Hello.

This is <u>Ms. Abe.</u>

She can <u>cook very well.</u>

She can <u>play tennis.</u>

She can't <u>play baseball.</u>

Thank you.

②聞き取り用ワークシート

先生		できることやできないこと
Ms. Abe	予想	
	結果	
Mr. Aoki	予想	
	結果	
Ms. Nakamura	予想	
	結果	
Mr. Higashiyama	予想	
	結果	

6 Unit6 「聞くこと」「話すこと[やり取り]」「読むこと」の評価事例

単元名 Where is your treasure? 宝物への道案内をしよう

時 間 数 全7時間

言語材料 Where is the post office? Go straight. Turn [right / left] (at the supermarket). You can see it on your [right / left]. It's [on / in / under / by] the desk.

関連教材 「Where is the post office? オリジナルタウンで道案内しよう。」(東京書籍)

「Where is the gym? 場所をたずねたり，道案内をしたりする受け答えができる。」 (光村図書)

「Where is your treasure? 宝物への道案内をしよう。」(開隆堂)

「Where is the station? 目的地への行き方を伝えよう」(教育出版)

「It is in the box. さがしものは，どこ？ [位置や場所]」(三省堂)

「Where's the park? 位置・場所」(啓林館)

「Where is the beach ball? 位置・道案内」(学校図書)

■1単元の概要と授業づくりのポイント

①単元の概要

　本単元では，場所や建物の名称，位置を表す前置詞，道案内の基本的な表現といった多くのことを学ぶ。学校の外で実際に道案内をする場面設定はなかなかできないため，道案内の学習は，目的地までの行き方を伝え合うだけになりがちである。そこで，宝探しの要素を取り入れ，宝物には本物とにせものがあるという設定にすることで，子どもたちは楽しみながら英語を聞いたり話したりできるようになる。ワクワクした気持ちでくり返し道案内を行うことで，表現に慣れ親しませるようにしたい。

②授業づくりのポイント

　「聞くこと」「話すこと [やり取り]」を中心とした単元構成としているが，道案内では，Go straight.等の表現や，場所や建物についての語句を理解し，ある程度使いこなせるようにならないと活動が成立しづらい。そのために，スモールステップで取り組ませ，表現の定着を図り，情報を正確に伝えられるようにすることが大切である。

■2単元の目標

(1)位置を表す語句や道案内に関する表現について理解し，相手の伝えていることを聞き取ることができる。

(2)宝物のかくし場所を伝えるために，基本的な表現を用いて，道案内をすることができる。

(3)他者に配慮しながら，ものの位置や場所を伝え合ったり道案内したりしようとする。

■3 単元の評価規準

	知識・技能	思考・判断・表現	主体的に学習に取り組む態度
聞くこと	〈知識〉 　位置を表す語句や道案内に関する表現について理解している。 〈技能〉 　位置を表す語句や道案内に関する表現を聞き取る技能を身に付けている。	ものの位置や道案内についての内容を捉えている。	位置を表す語句や道案内について，積極的に相手の話を聞こうとしている。
話すこと[やり取り]	〈知識〉 　位置を表す語句や道案内に関する表現について理解している。 〈技能〉 　位置を表す語句を用いたり，道案内したりする技能を身に付けている。	位置を表す語句や道案内に関する基本的な表現を用いて，伝え合っている。	位置を表すときや道案内の場面で，基本的な語句や表現を用いて伝え合おうとしている。
読むこと	〈知識〉 　場所や建物に関する基本的な語句の読み方を理解している。 〈技能〉 　場所や建物に関する基本的な語句を読む技能を身に付けている。	場所や建物を表す基本的な語句について識別し，意味が分かっている。	場所や建物に関する基本的な語句を英語で読もうとしている。

■4 単元の指導と評価の計画（全7時間）

時	学習活動と指導のポイント（○）	評価規準（【　】）　評価方法（（　））
1	①教師の道案内を聞き，単元のゴールについて見通しをもつ。	【知】道案内や建物等の表現を理解している。（内容確認）
	②場所や建物を表す語についてミッシングゲ	【態】道案内や建物等の表現を積極的に

		聞いたり言ったりしようとしている。（行動観察）
2	①位置を表す英語を知る。 ②ポインティングゲームをする。 ○実際に子どもの持ち物を操作させ，前置詞についての理解を図る。	【知】位置を表す語句について理解している。（行動観察） 【思】位置を表す表現を聞き，内容を捉えている。（ワークシート）
3	①インタビューゲームをする。 ②位置を表す表現を用いた英文を4線上に書く。 ○部屋の様子を表す絵を使い，具体的な場面を設定する。	【技】位置を表す語句を聞き取る技能を身に付けている。（行動観察） 【技】4線上に文字の高さ等に気を付けて書く技能を身に付けている。（ワークシート）
4	①場所や建物の英語についてキーワードゲームをする。 ②道案内の表現を用いてサイモンセズゲームをする。 ○場所や建物の絵カードを使って，表現に慣れさせる。	【知】場所や建物に関する基本的な語句について理解している。（行動観察） 【思】道案内の表現について内容を捉えている。（ワークシート）
5	①場所や建物の英語についてマッチングゲームをする。 ②ペアやグループで教科書の地図を用いて道案内の練習をする。 ○場所や建物の絵カードと文字カードを用意する。	【思】場所や建物に関する基本的な語句を読んでいる。（行動観察） 【態】場所や建物に関する基本的な語句や道案内の表現を積極的に使おうとしている。（行動観察）
6 （本時）	①教師の道案内を聞き，宝物がどこにあるのか見つける。 ②ペアで宝物への道案内をする。（トレジャーゲーム） ○道案内の表現について何度もくり返し，定着を図る。	【技】道案内に関する基本的な表現や建物等の英語を聞き取る技能を身に付けている。（ワークシート） 【態】道案内に関する基本的な表現を用いて，尋ねたり答えたりしようとしている。（行動観察）
7	①トレジャーゲームをする。 ②宝物のかくし場所への道案内をし，自分の宝物が何かを発表する。 ○個々の発表はビデオで撮り，評価に活用する。	【思】基本的な語句や表現を用いて発表している。（行動観察） 【思】発表を聞いて内容を捉えている。（ワークシート）

⑤本時の指導と評価の実際

①単元 「Where is your treasure? 宝物への道案内をしよう」（6／7時間）

②目標
- ・道案内に関する基本的な表現や場所や建物の語句を聞き取ることができる。
- ・積極的に尋ねたり答えたりしながら，宝物のかくし場所を見つけようとする。

③準備物 ワークシート，振り返りシート，電子黒板やスクリーン等

	児童の活動（○）	指導者の活動（・） 評価（方法）（◎） 指導のポイント（●）
3分	○挨拶をする。 ○今日の目標を確認する。	・全体に挨拶をし，数名に天気や気持ちを尋ねる。 トレジャーハンターになろう。
5分	○サイモンセズゲームをする。	・道案内の表現を用いて指示をする。 ●身体を動かしながら表現を思い出させる。
10分	○教師の道案内を聞き，宝物がどこにあるのか見つける。	・教科書の地図を使って道案内する。 ・全員で確認させる。 ●電子黒板等で大きく地図を示す。
22分	○トレジャーゲームをする。 ❶宝物のかくし場所を一つ選び，ワークシート（宝物リスト）に書く。 ❷隣同士でペアになり，道案内をし合う。その後，クラス内でさらに他の2人と道案内をし合う。 ❸相手が案内したかくし場所を宝物リストに書く。 ❹本物の宝物のかくし場所を聞き取って宝物リストに書く。 ❺宝物リストのなかに本物の宝物のかくし場所があれば1ポイントもらえる。（二つあれば2ポイント）	・「地図の中のすべての場所や建物には宝物がかくされています。自分の宝物のかくし場所まで道案内してください。無事たどり着けたら，その宝物を手に入れることができます。3人に道案内をしてください。」 ・ボランティアの子どもとモデルを示す。 C：Where is your treasure? T：Go straight. Turn left. Go straight. Go straight. You can see it on your right. C：Park? T：That's right. ・宝物には本物とにせものがあり，本物の宝物のかくし場所は，後で発表することを伝えておく。 ・ワークシート（宝物リスト）を配布する。 ・3人の友達とやり取りさせる。 ・最後に本物の宝物の場所を三つ言う。 ●本物の宝物のかくし場所は教師が決めておく。 【評価のポイント】 ◎宝物のかくし場所や，建物等の英語を聞き取っている。 　（ワークシート）

		◎道案内に関する基本的な表現を用いて，積極的に尋ねたり答えたりしている。**(行動観察)**
5分	○振り返りをする。 ○終わりの挨拶をする。	・数人に発表させる。

6 評価規準例（第6時）

① A・B・Cの状況

A　十分満足できる	B　おおむね満足できる	C　努力を要する
◎宝物のかくし場所や建物等について一度で聞き取っている。	◎宝物のかくし場所や建物等について，何度かくり返すことで，聞き取っている。	◎宝物のかくし場所や建物等について聞き取ることができない。
◎道案内に関する基本的な表現を用いて，相づちを打つ等の反応を示しながら，積極的に尋ねたり答えたりしようとしている。	◎道案内に関する基本的な表現を用いて，積極的に尋ねたり答えたりしようとしている。	◎道案内について，自ら活動しようとしていない。

② どの子どももB以上の評価にするための手立て

　道案内では左右や上下の方向が分からなくなることがあるので，紙面を回転させながら聞き取らせるようにする。英語が苦手な子どもには，ペアと一緒に指で地図をなぞったり，教えてもらったりしながら活動してもよいことにして，目的地への道案内が正確に行われるようにしたい。

③ Cの子どもの状況への支援の具体例

　道案内の活動では，具体物を使ってその子どもが手元で操作できるようにする。指示を聞きながら地図上でコマ（消しゴム等）を動かしたり，以下のような矢印を描いたカードを使ったりして，音声以外の支援を行うようにする。

⇧　Go straight.

⇦　Turn left.		⇨　Turn right.

❼評価テスト（パフォーマンステスト）

①マッチングゲームの手順とカード（第5時）

神経衰弱形式ゲーム。3〜4人のグループで行う。

①カードを「ピクチャー」と「イングリッシュ」のグループに分ける。

②「ピクチャー」から1枚引き，英語で場所・建物の名称を言う。

③「イングリッシュ」から1枚引く。他の子どもは，合っていたら Match.，ちがっていたら Not match. と言う。合ったらその2枚は引いた人がもらう。

【ピクチャー】   【イングリッシュ】

| park | hospital |

②トレジャーゲーム　ワークシート「宝物リスト」（第7時）

宝物の持ち主	かくし場所
（あなたの名前）	
Yui	
Mai	
Ryota	
本物の宝物の かくし場所	

7 Unit7 「聞くこと」「話すこと [やり取り]」の評価事例

単元名 What would you like? 料理，値段

時 間 数 　全7時間

言語材料 　What would you like?　…, please.　I'd like ….　How much is this?

関連教材 　「What would you like?　ふるさとメニューを注文しよう。」（東京書籍）

「What would you like?　料理を注文したり，ねだんをたずねたりする受け答えができる。」（光村図書）

「What would you like?　ランチメニューを考えよう。」（開隆堂）

「I'd like a pizza.　オリジナル・メニューをつくろう」（教育出版）

「I am hungry. 様子や特徴 ［ものの様子や特徴］」（6年）（三省堂）

「I'd like pizza.　料理・金額」（啓林館）

「What would you like?　食べ物の注文」（学校図書）

■1単元の概要と授業づくりのポイント

①単元の概要

　子ども達は欲しいものを尋ねたり答えたりする際の表現として，What do you want？ I want …. という表現を学習している。本単元では，英語にも場面に応じた丁寧な表現（What would you like?　I'd like ….）があることを学ぶ。それを店員と客に分かれてやり取りしていくことを通して身に付けられるようにしていく。また実際に子ども達に好きな食べ物や料理を英語で伝えられるように，さまざまな語句を提示して，楽しく活動させていきたい。

②授業づくりのポイント

　この単元の最終授業では，「話すこと ［やり取り］」を行う。そこで扱う言語材料を子ども達に「聞くこと」を中心に授業を組み立て，発話できるようにしていく。お店という場面設定を行って活動し，臨機応変に対応できるように，「思考・判断・表現」の面を中心に評価していくことで，考える力を引き出していきたい。

■2単元の目標

(1)丁寧に尋ねる What would you like? やそれに対する答え方 I'd like …. を理解し，相手と伝え合うことができる。

(2)丁寧に注文を尋ねたり答えたりして，やり取りができる。

(3)誰とでもコミュニケーションを図り，積極的に丁寧に尋ねたり答えたりしてやり取りしようとする。

3 単元の評価規準

	知識・技能	思考・判断・表現	主体的に学習に取り組む態度
聞くこと	〈知識〉 　料理を注文するときの丁寧な表現について理解している。 〈技能〉 　料理を注文するときの丁寧な表現を聞き取る技能を身に付けている。	丁寧な表現を用いて注文されたことについて，内容を捉えている。	丁寧な表現を用いて注文されたことを積極的に聞こうとしている。
話すこと[やり取り]	〈知識〉 　丁寧な尋ね方と答え方を理解している。 〈技能〉 　丁寧に注文を尋ねたり，丁寧に注文をしたりする技能を身に付けている。	丁寧に注文を尋ねたり，丁寧に注文したりする表現を用いて，伝え合っている。	丁寧に注文を尋ねたり答えたりして，相手に配慮しながら，伝え合おうとしている。

4 単元の指導と評価の計画（全7時間）

時	学習活動と指導のポイント（○）	評価規準（【 】）　評価方法（（ ））
1	①店員と客の対話場面を聞き，単元のテーマを理解する。 ②欲しいものを尋ねたり答えたりする丁寧な表現を知る。 ○対話場面の表現に注目して会話を聞かせる。	【技】欲しいものを尋ねたり，答えたりする丁寧な表現を聞き取る技能を身に付けている。（教科書）
2	①世界の料理の紹介を見て，何を紹介しているのか理解する。 ②料理を通して，各国の文化を知る。 ○料理だけでなく，各国の文化に興味・関心が持てるようにする。	【知】日本と各国の文化の違いについて理解している。（行動観察）
3	①値段を尋ねる表現を知る。 ②リスニングクイズで，食べ物の値段を聞き取る。 ○ How much is this? A is ... yen. の表現や数字を聞き取れるようにする。	【技】値段を尋ねたり，答えたりする表現を聞き取る技能を身に付けている。（教科書）

4	①ペアやグループで値段を尋ねたり答えたりする。 ②ペアやグループで決められた金額内の食べ物の買い物ゲームをする。 ○ How much is it? A is ... yen. の表現や数字を使って尋ね合わせる。	【技】値段を尋ねたり，答えたりする表現を使う技能を身に付けている。(行動観察) 【思】ペアやグループの友達と金額内の買い物をしている。(行動観察)
5	①教師の考えたメニューを聞き，買い物のやり取りに向けての準備をする。 ②リスニングクイズで，注文しているメニューを聞き取る。 ○教師のデモンストレーションを聞かせ，やり取りの仕方を理解させる。	【思】教師の考えたメニューの内容を捉えている。(ワークシート) 【思】注文しているメニューの内容を捉えている。(教科書)
6	①誰かのためのメニューを考える。 ②考えたメニューを用いて，ペアとグループでやり取りの練習をする。 ○ What would you like? I'd like .... を使って尋ね合わせる。 ○子どもが知らない語句や表現は，適宜教える。	【思】メニュー表をより良いものにしている。(ワークシート) 【態】作成したメニュー表を用いて，積極的にやり取りしようとしている。(行動観察)
7 (本時)	①考えてきたメニューを練習する。 ②店員と客に分かれてやり取りをする。 ○やり取りはビデオで撮り，後の評価に活用する。	【思】丁寧に注文を尋ねている。(行動観察) 【思】丁寧に注文をしている。(行動観察)

⑤本時の指導と評価の実際

①単元　「What would you like?　料理，値段」（7／7時間）

②目標
　・丁寧に注文を尋ねたり答えたりする表現を用いて，友達と伝え合うことができる。
　・相手の注文を知るために，積極的に相手の話を聞こうとしている。

③準備物　ビデオカメラ，子供が考えたメニュー表，振り返りシート

	児童の活動（○）　指導者の活動（・）　評価（方法）（◎）　指導のポイント（●）
	○挨拶をする。　　　　　　　・全体に挨拶をし，数名に天気や気持ちを尋ねる。

5分		●発表することに緊張している子どももいることから，少し和むような話を加える。
	○今日の目標を確認する。	考えてきたメニューを注文したり，注文した食べ物を友達に渡したりしよう。
10分	○店員と客のやり取りの表現の練習をする。 ○やり取りを行う際の注意事項を確認する。	・ペアで役割に分かれて練習をさせる。 ・やり取りの仕方，順番を説明する。同時に評価ポイントを伝える。 【評価のポイント】 ◎丁寧な表現を用いて注文して，伝え合っている。(**行動観察**) ◎相手の注文に応じた食べ物を渡している。(**行動観察**)
25分	○店員と客に分かれてやり取りを行う。 ○店員と客の役割を交代して行う。	●店員役と客役に分かれて店の場面を設定して行う。子ども達がより設定された場面に気持ちが入り込めるように，座席配置の工夫や絵と単語の書かれたメニュー表などを用意しておくとより効果的に行うことができる。 ・前半チームと後半チームの交代時に，やり取りの中で良かった点やアドバイスをコメントする。 ・やり取りしている場面をビデオで録画する。
5分	○振り返りをする。 ○終わりの挨拶をする。	・やり取りの様子についてのコメントをする。

⑥評価規準例（第7時）

①Ａ・Ｂ・Ｃの状況

Ａ　十分満足できる	Ｂ　おおむね満足できる	Ｃ　努力を要する
◎丁寧に注文を尋ねたり答えたりする表現を用いながら誰にでも分かるように丁寧に伝えている。	◎丁寧に注文を尋ねたり答えたりする表現を用いて，伝え合っている。	◎尋ねたり答えたりしている途中で終えたり，日本語で話したりして，伝え合うことができていない。
◎相手の注文したことを，正確に聞き取り，正しくそれに応えている。	◎相手の注文したことを，おおよそ聞き取っている。	◎相手の話を聞いていない。

②どの子どもも B 以上の評価にするための手立て

　モデル（ALT や音声教材等）となるやり取りを何度も何度も聞かせ，発音やリズムに慣れさせることが大切である。また，音声で十分に慣れ親しんだ表現を反復して発話する機会を増やしていくことで，自信を持って活動に取り組む事ができるようになる。

③ C の子どもの状況への支援の具体例

　特に，支援が必要な子どもに対しては，子どもの考えたメニューをモデル（ALT 等）に読んでもらい，それを録音して，子どもに何度も何度も聞かせて真似をさせることである。特に，単語にふったルビは絶対に目にさせないことである。加えて，練習の都度，上達具合を具体的に伝え，褒めながら何度も練習をさせる。

7 評価テスト（パフォーマンステスト）

①掲示用シート（モデルを示し，下線部を自分のことに書き換えさえる。）

【Example】

A：Hello.

B：What would you like？

A：I'd like salad, spaghetti, bread and milk.

B：OK, salad, spaghetti, bread and milk.

A：How much is this.

B：The salad is 300yen. The spaghetti is 600yen.

　　The bread is 200yen. The milk is 100yen.

A：OK, here you are.

B：Thank you.

---

②食べ物シート（次のようなイラストのシートを用いて，買い物をさせる。）

salad	spaghetti
bread	milk
pizza	hamburger
soup	sushi
sandwich	juice
steak	French fries

8 Unit8 「聞くこと」「話すこと［やり取り］」「書くこと」の評価事例

単元名　Happy New Year　年賀状を作ろう　カードを作ろう

時 間 数　全7時間

言語材料　Happy New Year.　Merry Christmas.　Happy Mother's day.

関連教材　「When is your birthday.　バースデーカードをおくろう。」（東京書籍）

　　　　　「Happy New Year　年賀状を作ろう。」（開隆堂）

　　　　　「メッセージカードを送ろう」（三省堂）

■1 単元の概要と授業づくりのポイント

①単元の概要

　新年のお祝いをするのは日本だけでなくさまざまな国で行われている。しかし，5年生の子ども達にとっては実感のないことである。この単元では，各国では新年やクリスマスといったイベントをどのように祝っているのかを動画視聴などを通して知ったり，カードを作りそれを交換したりする。

②授業づくりのポイント

　子ども達にとって Happy new year. や Merry Christmas. は耳にしたことがある表現である。そのため，日本語の発音ではなく，英語での発音を十分に聞いて慣れ親しませ，「聞くこと」「話すこと［やり取り］」を中心に授業を組み立てる。それに加えて，メッセージをカードに「書くこと」を取り入れ，「知識・技能」や「主体的に学習に取り組む態度」の面を中心に評価していく。

　加えて，他の国々の正月やクリスマスなどの文化の違いから，さまざまなことに気付かせることも可能である。中国の正月や，南半球のクリスマスなど，時期や季節の違いを思い浮かばせ，考えさせる活動も取り入れることで，内容をふくらませることもできる。

■2 単元の目標

(1)モデルを参考に，語順を意識しながら，目的に応じたカードを書くことができる。

(2)十二支の話や各国の新年の過ごし方を見聞きして，その概要をおおまかに捉えることができる。

(3)誰とでもコミュニケーションを図りながら，積極的に自分のオリジナルカードの交換を行おうとする。

3 単元の評価規準

	知識・技能	思考・判断・表現	主体的に学習に取り組む態度
聞くこと	〈知識〉 　新年等の挨拶で用いる表現を理解している。 〈技能〉 　新年等の挨拶の表現を聞き取る技能を身に付けている。	場面に応じた挨拶などについて，内容を捉えている。	場面に応じた相手の挨拶を聞こうとしている。
話すこと〔やり取り〕	〈知識〉 　場面に応じた挨拶などについて理解している。 〈技能〉 　場面に応じた挨拶の使い分けをする技能を身に付けている。	場面に応じて，基本的な語句や表現を用いて挨拶している。	相手と場面に応じた挨拶などをし合うために，聞き手に配慮して伝えようとしている。
書くこと	〈知識〉 　アルファベットや表現を理解している。 〈技能〉 　アルファベットや表現を用いて，カードに書く技能を身に付けている。	アルファベットを用いて，状況に合った表現をカードに書いている。	アルファベットを用いて，状況に合った表現をカードに書こうとしている。

4 単元の指導と評価の計画（全7時間）

時	学習活動と指導のポイント（○）	評価規準（【　】）評価方法（（　））
1	①十二支の物語を聞く。 ②十二支の絵を物語の順番に並べる。 ○子供達がおおよその内容を聞き取れるように数回に分けて聞かせる。	【態】話の内容を理解するために，積極的に聞き取ろうとしている。（行動観察） 【思】話を聞いて，正しい順番に並べている。（教科書）
2	①リスニングクイズをして十二支の物語の内容を確認する。 ②十二支に登場する動物と漢字を線でつなぐ。 ○掲示用絵カード等を準備しておく。	【思】話を聞き，内容を理解している。（ワークシート） 【知】英語での動物の言い方と対応する漢字を線でつないでいる。（教科書）

3	①世界の正月の様子を見て，自分の住む地域と比べる。 ②各国の新年の挨拶を知り，ペア，グループ，クラス全体で挨拶をする。 ○やり取りはビデオで撮り，後の評価に活用する。	【態】世界の正月の様子を見て，自分の住む地域と同じ点や異なる点を積極的に友達と話している。(行動観察) 【思】友達の挨拶を聞き，その挨拶に応じた挨拶を返している。(行動観察)
4	①自分の家で正月に食べる料理をグループで紹介する。 ②外国の人達が正月に食べるものを見て，日本のおせち料理について考える。 ○掲示用絵カード等を用意する。	【態】外国の人達が正月に食べているものを見て，日本のおせち料理と同じ点や異なる点を積極的に友達と話そうとしている。(行動観察) 【知】外国の人達の正月の文化を理解している。(行動観察)
5	①モデルを参考に年賀状の英語を書き写し，年賀状を完成させる。 ②作成した年賀状をペア，グループ内で，挨拶しながら，交換をする。 ○子どもが知らない語句や表現は，適宜教える。	【技】モデルを参考にして年賀状を正しく書き写す技能を身に付けている。(ワークシート) 【態】積極的に年賀状交換をしようとしている。(行動観察)
6	①外国の人達の誕生日，クリスマスの時の挨拶や過ごし方を知る。 ②ペア，グループ，クラス全体で挨拶をする。 ○やり取りはビデオで撮り，後の評価に活用する。	【態】外国の人達の誕生日やクリスマスの日の過ごし方を見て，日本と同じ点や異なる点を積極的に友達と話している。(行動観察) 【思】友達からの挨拶を聞き，その挨拶に応じた適切な挨拶を返している。(行動観察)
7 (本時)	①家の人に渡すカードを自分で選んで書き写す。 ②作成したカードをグループで紹介し合う。 ○子どもが知らない語句や表現は，適宜教える。	【技】目的に応じたモデル文を選び，正しく書き写す技能を身に付けている。(ワークシート) 【態】作成したカードを用いて，積極的に友達に紹介しようとしている。(行動観察)

5 本時の指導と評価の実際

①単元　「Happy New Year 年賀状を作ろう　カードを作ろう」（7／7時間）

②目標

　　・選んだカードのモデルを参考にして，正しく書き写すことができる。

　　・作成したカードを用いて，積極的に紹介しようとする。

③準備物　ビデオカメラ，各モデル文，はがきサイズの厚紙（4線入り），振り返りシート

	児童の活動（○）	指導者の活動（・）　評価（方法）（◎）　指導のポイント（●）
5分	○挨拶をする。 ○今日の目標を確認する。	・全体に挨拶をし，数名に天気や気持ちを尋ねる。 ●紹介することに緊張している子どももいることから，少し和むような話を加える。 渡す相手が喜んでくれる○○カードを作ろう。
5分	○正月や誕生日，クリスマスの挨拶や過ごし方を復習する。	・教師と子どものスモークトークを行い，学習した内容を想起させる。
15分	○家の人に渡すカードをモデルから選んで書く。	・誕生日やクリスマスのカードのモデル文を提示し，その中から家の人に渡すカードを選んで書き写させる。その際，母の日や父の日など，子どもによっては，欠損している場合もあるので，配慮することも大切である。 ・評価ポイントを伝える。 ・はがきサイズの厚紙（4線入り）を配布する。 【評価のポイント】 ◎モデル文を参考に，正しく書き写している。**（カード）** ◎相手や自分の名前を正しく書いている。**（カード）** ◎積極的に紹介しようとしている。**（行動観察）**
15分	○渡す相手がいる場面を想定して，グループでカードを渡しながら紹介する。	・場面設定をしっかりと行う。 ・作成したカードを読むだけではなく，Here you are.等の言葉を付け足せるようにさせる。 ・紹介している場面をビデオで録画する。
5分	○振り返りをする。 ○終わりの挨拶をする。	・作成したカードについてのコメントをする。

6 評価規準例（第7時）

① Ａ・Ｂ・Ｃの状況

Ａ　十分満足できる	Ｂ　おおむね満足できる	Ｃ　努力を要する
◎モデルを参考に，決まり表現における文字を正しく書き写しており，単語と単語の間も正しく空けて書けている。	◎モデルを参考に，決まり表現における文字を書き写している。	◎モデル文を書き写せていない。 ◎まったく伝えていない。
◎作成したカードに書いた言葉を正しく相手に紹介している。	◎作成したカードに書いたことをおおむね伝えている。	

② どの子どももＢ以上の評価にするための手立て

　書き写しを行うモデル文を音声教材等から子ども達に何度も何度も聞かせ，十分に慣れ親しませることが大切である。それを踏まえた上でモデル文の書き写しを行う。書き写す際にも，単語を発音しながら，書き写すように注意することである。この習慣が以後の英語学習には大切なことになる。

　また，子どもの一人一人のデザインも重要視し，相手が喜ぶようなカードを作成させたい。これも考える力を向上させるためには大切なことであり，これから英語を積極的に学ぶ子どもも増えてくる。加えて，友達のカードなども見せ，興味を持たせながらさまざまな表し方があることを理解させ，参考にさせたり，真似をさせたりすることも重要である。

③ Ｃの子どもの状況への支援の具体例

　特に，支援が必要な子どもに対しては，モデル文の単語間にキャラクターの絵を置いたり，アルファベット一字一字や単語を一語ずつ読み聞かせたりしながら，発音させながら書き写させるようにする。

　また，このような子どもには，ペアやグループをつくり，みんなでサポートできるような体勢を組んでおくことが大切である。

　そして，まずは，英語は楽しいと感じさせることである。

7 評価テスト（パフォーマンステスト）

①モデル文（モデルを示し書き写す。下線部は相手に応じて書き換える。）

【Example】

① Birthday Card

　Dear <u>Chika</u>.　　（相手の名前）

　　Happy Birthday！

　And many happy returns of the day.

　<u>Takahiro</u>　　（自分の名前）

② Christmas Card

　Dear <u>Santa</u>.　　（相手の名前）

　　Merry Christmas！

　I want a book for Christmas.

　<u>Takahiro</u>　　（自分の名前）

③ Mother's day Card

　Dear <u>Mother</u>.　　（母 or 母親の名前：状況により母の日，父の日を扱わないこともある。）

　　Happy Mother's Day！

　Thank you always, Mom.

　<u>Takahiro</u>　　（自分の名前）

---

②原稿用紙

---

9 Unit9 「聞くこと」「話すこと[発表]」「書くこと」の評価事例

単元名　Who is your hero?　あこがれの人をしょうかいしよう

時間数　全7時間

言語材料　Who is …?　My hero is ….　He［She］is（職業・性格など）.

He［She］is good at …ing.

関連教材　「Who is your hero?　ヒーローを紹介しよう。」（東京書籍）

「My hero is my brother.　職業や性格などを言って，身近なあこがれの人を紹介することができる。」（光村図書）

「My Hero　あこがれの人をしょうかいしよう。」（開隆堂）

「This is my dream friend.　友達になってみたい人をしょうかいしよう」（教育出版）

「This is my sister.　身近な人のしょうかい」（啓林館）

「Who is your hero?　あこがれの人」（学校図書）

■1 単元の概要と授業づくりのポイント

①単元の概要

　本単元では，自分のあこがれの人について友達と紹介し合う。自分のことだけではなく，三人称 He / She を使って他者についても話せるようになったことに成長を感じさせたい。既習表現である can / can't とともに，be good at …ing の表現を用いたり，あこがれの人の職業や性格等についても紹介したりできるようにする。また，発表の助けになるように，ポスター作りを行う。自分が伝えたい内容を表す語句や表現を書き写してポスターを作り，それをもとに練習をしたり，ペアで内容を確認したりする。

②授業づくりのポイント

　本単元では，「話すこと［発表］」を単元末のパフォーマンス活動として設定する。それと同時に，「書くこと」については，ポスターを作成する際に評価する。また，子どもが既習表現を用いながら発表したり，友達の発表を聞いたりする姿を確認しながら，「思考・判断・表現」を中心に評価していく。

■2 単元の目標

(1) He / She を用いて，あこがれの人を紹介する言い方を理解し，友達と伝え合うことができる。

(2)あこがれの人について，職業や性格，得意なことなどを含めてポスターを用いて紹介することができる。

(3)他者に配慮しながら，自分のあこがれの人について積極的に紹介しようとする。

3 単元の評価規準

	知識・技能	思考・判断・表現	主体的に学習に取り組む態度
聞くこと	〈知識〉 　職業や性格を表す語句や得意なことを紹介する表現を理解している。 〈技能〉 　あこがれの人の紹介において，相手が話した具体的な情報を聞き取る技能を身に付けている。	あこがれの人について話されるのを聞いて，その内容を捉えている。	相手に配慮しながら積極的に話や発表を聞こうとしている。
話すこと［発表］	〈知識〉 　あこがれの人の紹介の仕方について理解している。 〈技能〉 　あこがれの人について，三人称（He / She）など基本的な語句を用いて話す技能を身に付けている。	あこがれの人について，三人称を用いて職業や性格，得意なことを話している。	相手に伝わるように工夫しながら，積極的にあこがれの人について発表しようとしている。
書くこと	〈知識〉 　あこがれの人の紹介の仕方について理解している。 〈技能〉 　ポスター作りにおいて，あこがれの人の紹介に関する語句や表現を書く技能を身に付けている。	あこがれの人の紹介のために，職業や性格，得意なことについて書き写したり，書いたりしている。	相手に理解してもらうために，積極的にポスター作りに取り組み，書き写したり，書いたりしようとしている。

4 単元の指導と評価の計画（全7時間）

時	学習活動と指導のポイント（○）	評価規準（【 】）　評価方法（（ ））
1	①教師のあこがれの人の紹介（スモールトーク）を聞き，単元のテーマを理解する。 ②できることやできないことを紹介する表現を復習し，He / She の表現を確認する。	【知】三人称とできることやできないことを紹介する表現を理解している。（内容確認） 【態】教師のあこがれの人について，積

	○単元末の活動がイメージできるよう，教師が楽しくモデルを示す。	極的に話を聞こうとしている。（行動観察，ワークシート）
2	①リスニングクイズで，あこがれの人の職業を聞き取る。 ②ペアやグループでミッシングゲーム等を通して，職業の英語に慣れ親しむ。 ○6年で学習する「将来の夢紹介」と関連付けながら，職業の英語を理解させる。	【知】職業を表す語句を聞き，理解している。（教科書） 【技】活動を通して，職業の英語を正しく話す技能を身に付けている。（行動観察）
3	①リスニングクイズで，人の性格を表す英語を聞き取る。 ②ペアやグループでかるたゲーム等を通して，性格を表す英語に慣れ親しむ。 ○有名人や有名なキャラクターと関連付けながら性格を表す英語を理解させる。	【知】性格を表す語句を聞き，理解している。（教科書） 【技】活動を通して，性格を表す英語を正しく話す技能を身に付けている。（行動観察）
4	①ペアで質問をし合い，友達の得意なことが何か調べる。 ②インタビューしたことをもとに，友達のことを紹介し合う。 ○教科書の絵をヒントにしながら，たくさんの質問をするように指示する。	【態】相手の得意なことを知るために，積極的に聞いたり話したりしようとしている。（行動観察） 【思】三人称を用いて，友達の得意なことを話している。（行動観察）
5	①教科書のモデルスピーチを聞き，あこがれの人の紹介で話す内容を確認する。 ②紹介するあこがれの人を決め，ポスターを作成する。 ○4線上にあこがれの人の情報を書き写させる。	【技】ポスター作りで，あこがれの人についての情報を正しく書く技能を身に付けている。（ポスター） 【態】他者について読むことを意識しながら，丁寧に4線上に英語を丁寧に書こうとしている。（ポスター）
6	①再度，教師のモデルスピーチを聞き，自分のポスターの内容を再考する。 ②作成したポスターを用いて，ペアやグループで模擬発表会をする。 ○子どもが知らない語句や表現は，辞書を引くよう指示したり，教えたりする。	【思】相手により伝わるように，ポスターを工夫している。（ポスター） 【態】作成したポスターを用いて，積極的に発表しようとしている。（行動観察）
7	①自分のあこがれの人について，ポスターを用いて紹介する。（ポスターセッション型）	【思】あこがれの人について，基本的な語句や表現を用いて，紹介している。

（本時）	②聞く側は，発表内容をワークシートに簡潔に書く。 ○個々の発表はビデオで撮り，後の評価に活用する。	**（行動観察・ビデオ）** 【思】友達のあこがれの人について，内容を捉えている。**（ワークシート）**

5 本時の指導と評価の実際

①単元 「Who is your hero? あこがれの人をしょうかいしよう」（7／7時間）

②目標
  ・あこがれの人について，三人称や be good at ... ing 等の表現を用いて，紹介できる。
  ・友達のあこがれの人について，積極的に発表を聞き，内容を捉えることができる。

③準備物　ビデオカメラ，紹介ポスター，発表用ワークシート（発表側），内容確認ワークシート（聞く側），振り返りシート

	児童の活動（○）	指導者の活動（・）　評価(方法)(◎)　指導のポイント(●)
5分	○挨拶をする。 ○今日の目標を確認する。	・全体に挨拶をし，数名に天気や気持ちを尋ねる。 ●緊張している子どももいることから，簡単なチャンツやゲーム等を加えて雰囲気を和ませる。 あこがれの人をしょうかいしよう。
5分	○発表の準備をする。 ○発表の注意事項を確認する。	・ペアやグループで発表の最後の練習をさせる。 ・ポスターセッション型で発表することを説明し，同時に評価ポイントを伝える。 【評価のポイント】 ◎自分のあこがれの人について，三人称や be good at ... ing 等の語句や表現を用いて，紹介している。 ◎友達のあこがれの人について，積極的に発表を聞き，内容を捉えている。
20分	○発表する側は，各ブースでポスターを用いながらあこがれの人を紹介する。 ○聞く側は，班ごとに各ブースを回り，聞いた内容をワークシートに簡潔に書く。	【ポスターセッション型の例】 　全8班の場合，教室の四隅にそれぞれブースを作る。前半は1〜4班が各ブースで発表し，5〜8班がブースを回って発表を聞く。時間が経ったら役割を交代する。 ●一緒に発表する班のメンバー同士で協力し合いながら紹介するように指示する。 ●聞く側は，内容をワークシートにメモするだけではなく，

		I see. 等反応しながら聞くように指示しても良い。
		・ブースごとの発表をビデオで録画する。
		・10分で役割を交代させる。
10分	○あこがれの人紹介の内容を確認する。 ○振り返りシートを書く。	・ワークシートに書いた友達のあこがれの人についての内容を確認させる。 ●クイズ形式で内容を確認させても良い。
5分	○振り返りをする。 ○終わりの挨拶をする。	・振り返りを数名に発表させる。 ・発表についてのコメントをする。

⑥評価規準例（第7時）

①A・B・Cの状況

A　十分満足できる	B　おおむね満足できる	C　努力を要する
◎あこがれの人について，三人称や be good at … ing 等の表現を正しく用いて，紹介していた。	◎あこがれの人について，三人称や be good at … ing 等の表現を用いて，紹介していた。	◎発表を途中で終えたり，日本語で話したりして，英語で発表していない。
◎友達のあこがれの人について，具体的に内容を捉えている。	◎友達のあこがれの人について，内容を捉えている。	◎友達の発表内容を全く捉えていない。

②どの子どももB以上の評価にするための手立て

　本単元で学習する三人称や職業，性格を表す語句，得意なことを表す表現を正確に使ってあこがれの人紹介を行わせたい。そこで，モデル（ALT 等）をくり返し聞かせ，発表で使用する表現に慣れさせる。また，前時でペアやグループで発表練習を十分に行わせることも大切である。

　本時までに発表への自信をつけることで，緊張感を和らげることができる。

③Cの子どもの状況への支援の具体例

　本時ではポスターセッション型の発表を行う。そのために，全体発表の時と違い，一緒に発表する班のメンバーがいる。前時からそのメンバーと共に練習することで，発表への意欲を持たせたい。

　また，練習の都度，どこが上達したかを具体的に伝え，英語で話すことへの抵抗感をなくすことも大切である。

7 評価テスト（パフォーマンステスト）

①紹介ポスター（モデルを示し，下線部を自分のあこがれの人のことに書き換えさせる。）

【Example】

似顔絵
または
写真

My hero is <u>Fukuyama Masataka</u>.

<u>He</u> is <u>my teacher</u>.

<u>He</u> is good at <u>speaking English</u>.

<u>He</u> is <u>active</u>.

②聞き取り用ワークシート

Name	あこがれの人	説明
Morikawa Satoshi		
Ise Risa		
Takeda Mei		
Uenishi Saki		

10 Unit10 「読むこと」「話すこと[やり取り]」「書くこと」の評価事例

単元名 I want to go to Italy. ツアープランナーになろう

時 間 数　全7時間

言語材料　Where do you want to go?　I want to go to ….　Why?　In …, you can [see / visit / eat / drink / buy]….

関連教材　「Let's go to Italy.　旅行代理店でおすすめの国を紹介しよう。」（6年）（東京書籍）

　　　　　「I want to go to Italy.　行きたい国やそこでできることを紹介することができる。」（光村図書）

　　　　　「Where do you want to go?　ツアープランナーになろう。」（6年）（開隆堂）

　　　　　「What country do you want to visit?　行きたい国」（6年）（教育出版）

　　　　　「I want to go to Kenya. 行ってみたいところ［行きたい国］」（三省堂）

　　　　　「I want to go to France.　行きたい国」（啓林館）

　　　　　「Where do you want to go?　国・地域」（学校図書）

■1 単元の概要と授業づくりのポイント

①単元の概要

　本単元では，自分のおすすめの国について紹介し合う。これまでは子どもの身近な事柄を題材として扱ってきたが，本単元では他教科と関連させながらさまざまな国に興味を持たせ，視野を広げさせたい。まず，Where do you want to go? や I want to go to …. の表現を用いて，自分の行きたい国等について話し合えるよう指導する。その後，ツアープランナーとして客役の友達におすすめの国について You can see …. 等の表現を用いて，紹介し合えるようにする。また，ポスターを作成し，それを使って練習したり，友達に紹介したりする。

②授業づくりのポイント

　本単元では，「話すこと［やり取り］」をパフォーマンス活動として設定する。子どもはツアープランナー役と客役に分かれ，やり取りをしながらおすすめの国の紹介をする。また，「読むこと」「書くこと」については，ポスターや紹介原稿を作成する時に合わせて評価する。相手に配慮しながらおすすめの国の紹介をする姿を期待するために，「主体的に学習に取り組む態度」を中心に評価していく。

■2 単元の目標

(1)行きたい国とその理由について，聞いたり言ったりする表現を理解し，伝え合うことができる。また，国名を書き写すことができる。

(2)おすすめの国について You can see…. 等の表現を用いて説明し，紹介することができる。

(3)他者に配慮しながら，おすすめの国やその国の有名なものについて説明し，自分の考えを整理して紹介しようとする。

❸単元の評価規準

		知識・技能	思考・判断・表現	主体的に学習に取り組む態度
読むこと		〈知識〉　国名や世界の有名なものに関する事項を理解している。〈技能〉　おすすめの国の紹介において，それに関する簡単な語句や基本的な表現を識別したり，発音したりする技能を身に付けている。	おすすめの国の紹介をするために，それに関する簡単な語句や基本的な表現を識別したり，発音したりしている。	おすすめの国の紹介をするために，それに関する簡単な語句や基本的な表現を識別したり，発音したりしようとしている。
話すこと［やり取り］		〈知識〉　国名や Where do you want to go?, You can …. 等の表現を理解している。〈技能〉　国名やその国の有名なものを表す語や表現を用いて，おすすめの国を伝え合う技能を身に付けている。	おすすめの国の紹介をするために，簡単な語句や表現を用いて，その国の有名なもの等を伝え合っている。	おすすめの国の紹介をするために，簡単な語句や表現を用いて，その国の有名なもの等を伝え合おうとしている。
書くこと		〈知識〉　おすすめの国の紹介をする際に，その国に関する語句や表現を理解している。〈技能〉　ポスター作りにおいて，おすすめの国について，国名やその国の有名なものに関する語句や表現を書く技能を身に付けている。	おすすめの国の紹介のために，国名やその国の有名なものについて書き写したり，書いたりしている。	相手に配慮しながら積極的にポスター作りに取り組み，書き写したり，書いたりしようとしている。

4単元の指導と評価の計画（全7時間）

時	学習活動と指導のポイント（○）	評価規準（【 】） 評価方法（（ ））
1	①教師のおすすめの国紹介（スモールトーク）を聞き，単元のテーマを理解する。 ②国名の英語を聞いたり，発音したりする。 ○単元末の活動がイメージできるように，教師が楽しくモデルを示す。	【知】おすすめの国紹介の表現を理解している。（内容確認） 【知】国名の英語での書き方を理解している。（教科書）
2	①チャンツでの練習やミッシングゲーム等を通して，国名の英語を練習する。 ②国旗クイズで，国名を聞き取ったり，その国の綴りを選択肢から選んだりする。 ○国旗クイズは，国旗の色や形とその国名をヒントにする。	【態】活動を通して，国名の英語を話そうとしている。（教科書） 【技】国名の英語を正しく識別する技能を身に付けている。（教科書）
3	①リスニングクイズで，世界の有名なものを表す英語を聞き取る。 ②グループで神経衰弱等の活動をし，世界の有名なものとその表現に慣れ親しむ。 ○神経衰弱では see / eat の表現に注目し，有名な観光地と食べ物を題材にする。	【態】おすすめの国紹介の基本的な表現を積極的に聞いたり話したりしようとしている。（教科書，行動観察） 【知】活動を通して，おすすめの国紹介の表現を理解している。（行動観察）
4	①リスニングクイズで，行きたい国とその理由を尋ねる表現を聞き取る。 ②グループでかるたゲーム等を通して，行きたい国とその理由を尋ねる表現に慣れ親しむ。 ○グループで問題を出し合いながらかるたゲームをさせる。	【態】行きたい国とその理由を積極的に聞いたり話したりしようとしている。（教科書・行動観察） 【思】活動を通して，行きたい国とその理由について話している。（行動観察）
5	①グループでかるたゲーム等を通して，行きたい国とその理由を尋ねる表現を確認する。 ②行きたい国とその理由を尋ね合い，自分と同じ国に行きたい友達を探す。 ○ワークシートを用意し，メモを取りながらインタビューするよう指示する。	【態】行きたい国とその理由を積極的に聞いたり話したりしようとしている。（ワークシート，行動観察） 【思】活動を通して，行きたい国とその理由について話している。（行動観察）
6	①教師のモデルスピーチを聞き，おすすめの国の紹介で話す内容を確認する。	【技】ポスター作りにおいて，おすすめの国についての情報を正しく書く技能を

	②紹介するおすすめの国を決め，ポスターを作成する。 ○4線上におすすめの国の情報を書き写させる。	身に付けている。(ポスター) 【態】作成したポスターを用いて，積極的に発表しようとしている。(行動観察)
7 (本時)	①ツアープランナー役と客役に分かれ，おすすめの国の紹介をし合う。(ロールプレイ) ②客役は紹介内容を簡潔に書く。 ○教師も客役として参加し，ツアープランナーの紹介を見て評価する。	【思】おすすめの国について，基本的な語句や表現を用いて，伝え合っている。(行動観察) 【態】おすすめの国について，相手に配慮しながら積極的に伝え合おうとしている。(ワークシート)

5 本時の指導と評価の実際

①単元 「I want to go to Italy. ツアープランナーになろう」(7／7時間)

②目標

　・おすすめの国について，基本的な語句や表現を用いて，紹介できる。

　・おすすめの国について，相手に伝わるように工夫しながら積極的に伝え合おうとしている。

③準備物　紹介ポスター，発表原稿ワークシート，振り返りシート

	児童の活動（○）	指導者の活動（・）　評価（方法）（◎）　指導のポイント（●）
5 分	○挨拶をする。 ○今日の目標を確認する。	・全体に挨拶をし，数名に天気や気持ちを尋ねる。 ●緊張している子どももいるので，簡単なチャンツやゲーム等を加えて雰囲気を和ませる。 おすすめのツアープランをしょうかいし合おう。
5 分	○発表の準備をする。 ○発表の注意事項を確認する。	・ペアやグループで発表の最後の練習をさせる。 ・発表の手順と評価ポイントを伝える。 【評価のポイント】 ◎おすすめの国について，基本的な語句や表現を用いて，紹介し合っている。 ◎友達に伝わるように工夫しながら，おすすめの国について，積極的に伝えようとしている。
25 分	○ツアープランナー役は自分の席でポスターを用いながらおすすめの国を紹	【ロールプレイとやり取りの例】 ツアープランナー（T1・T2）役はペアで国を紹介する。 客（C）役はおすすめの国を聞き，どちらのプランがよか

	介する。 ○客役は，ツアープランナー役の席を回り，おすすめの国を聞く。	ったか選び，サインを友達のワークシートに書く。 T 1 ： In Brazil, you can see …. T 2 ： In France, you can eat …. T ： Where do you want to go? C ： I want to go to …. T ： Sign please. C ： Here you are. T ： Thank you.　Have a nice trip! ●ペアで協力し合いながら紹介するように指示する。 ●アイコンタクトやポスターの写真を指差すなど，相手に伝わるように工夫しながら紹介するように指示する。 ・約12分経ったら役割を交代させる。
5分	○振り返りシートを書く。	・聞き取った友達のおすすめの国の紹介から，ベストツアーとその理由を書くように指示する。
5分	○振り返りをする。 ○終わりの挨拶をする。	・振り返りを数名に発表させる。 ・発表についてのコメントをする。

6 評価規準例（第7時）

① A・B・Cの状況

A　十分満足できる	B　おおむね満足できる	C　努力を要する
◎おすすめの国について，基本的な語句や表現，自分で調べた語句などを用いて，正しく紹介し合っている。	◎おすすめの国について，基本的な語句や表現を用いて，紹介し合っている。	◎発表を途中で終えたり，日本語で話したりして，英語で紹介し合っていない。
◎友達に伝わるように工夫しながら，おすすめの国について，積極的に伝えている。	◎おすすめの国について，伝えている。	◎おすすめの国について，全く伝えようとしていない。

②どの子どもも B 以上の評価にするための手立て

　本時では，おすすめの国について分かりやすく相手に伝えることをねらいとする。そこで，作成したポスターを用いながら，前時にペアでしっかりと練習する時間を取る。また，紹介内容をスラスラと言えるように宿題に出したり，原稿を見なくても言えるようにしたりしてもよい。

③Ｃの子どもの状況への支援の具体例

　社会科等の調べ学習と関連させて，世界の国々への興味を持たせる。本時ではロールプレイの形式を取り入れる。友達からのサインを集める等，子どもが楽しめる工夫をすることが大切である。また，教師も客役として参加し，ツアープランナーの紹介を見て評価する。その際，子どもの意欲を引き出せるように声かけをする。

7 評価テスト（パフォーマンステスト）
①紹介ポスター／発表原稿（モデルを示し，下線部を書き換えさえる。）

【Example】

| 国旗 | France |

You can <u>see the Eiffel tower.</u>

You can <u>eat croissants.</u>

It's <u>delicious.</u>

絵または写真
――――――――――――――
絵または写真

★友達にサインを書いてもらおう。

Chapter

5

実録で分かる！できる！
第6学年　新3観点の
外国語評価事例10

Unit1 「聞くこと」「話すこと［発表］」「書くこと」の評価事例

単元名　This is me!　自己紹介をしよう

時 間 数　全7時間

言語材料　Hello. I'm .... Nice to meet you（too）.　My birthday is .... When is your birthday?
I like .... Do you like ...? What ... do you like? I can ....　Can you ...? I'm good at ....

関連教材　「This is me!　自分についてスピーチをしよう。」（東京書籍）
「This is me.　出身地や得意なことを言って，自己紹介をすることができる。」（光村図書）
「We are friends.　クラスの輪を広げよう。」（開隆堂）
「Let's be friends.　自己しょうかい」（教育出版）
「This is me.　自己紹介，聞いて！［自己紹介］」（5年）（三省堂）
「I'm from Tokyo, Japan.　自己しょうかい」（啓林館）
「I'm from India.　自己しょうかい」（学校図書）

■1 単元の概要と授業づくりのポイント

①単元の概要

　6年生になって初めての単元である。5年生で学習した挨拶，好きなもの，好きなこと，誕生日，得意なことなどを自己紹介の内容としてやり取りしたり発表したりする。新鮮な気持ちで学習をスタートし，できるだけたくさんの友達と英語を使って関わることができるようにしたい。発表については，少人数グループで練習し，慣れてきたら全体で行うなど，子どもの実態を考えて無理のないように場の設定をする。

② 授業づくりのポイント

　この単元では，5年生の復習も兼ねることから，五つの領域の中でも「聞くこと」「話すこと［発表］」を中心に授業を組み立てる。「書くこと」については，紹介したい内容を少しずつ書き写すことから始めたい。既習の言葉や表現を思い出しながら，単元末には「思考・判断・表現」「主体的に学習に取り組む態度」の面を中心に評価する。

■2 単元の目標

(1)自己紹介の表現として，好きなもの，好きなこと，誕生日，得意なことを表す言い方を理解し，発表することができる。

(2)自分のことをよく知ってもらうために，好きなこと，誕生日，得意なことなどについて，簡単な語句や基本的な表現を用いて自己紹介をすることができる。例を参考に発表する文を書

き写すことができる。

⑶自分のことをよく知ってもらうために，好きなこと，誕生日，得意なことなどについて，簡
単な語句や基本的な表現を用いて自己紹介をしようとする。

3 単元の評価規準

	知識・技能	思考・判断・表現	主体的に学習に取り組む態度
聞くこと	〈知識〉 　好きなものや好きなこと，誕生日，得意なことを表す語句や表現を理解している。 〈技能〉 　好きなもの，好きなこと，誕生日，得意なことなどを聞き取る技能を身に付けている。	相手のことをよく知るために，好きなものや好きなこと，誕生日，得意なことなどについて，話の概要を捉えている。	相手のことをよく知るために，好きなものや好きなこと，誕生日，得意なことなどについて，話の概要を捉えようとしている。
話すこと[発表]	〈知識〉 　自己紹介をするための表現について理解している。 〈技能〉 　自己紹介をするために必要な技能を身に付けている。	自分のことをよく知ってもらうために，好きなこと，誕生日，得意なことなどについて，簡単な語句や基本的な表現を用いて，話している。	自分のことをよく知ってもらうために，好きなこと，誕生日，得意なことなどについて，簡単な語句や基本的な表現を用いて話そうとしている。
書くこと	〈知識〉 　自己紹介の文を書くための語句や表現を理解している。 〈技能〉 　自己紹介の文を書くための語句や表現を書き写す技能を身に付けている。	自分のことをよく知ってもらうために，発表したい文について，例文を参考に書き写している。	自分のことをよく知ってもらうために，発表したい文について，例文を参考に書き写そうとしている。

4 単元の指導と評価の計画（全7時間）

時	学習活動と指導のポイント（○）	評価規準（【 】）　評価方法（（ ））
1	①教師の自己紹介（スモールトーク）を聞き，単元のテーマを理解する。 ②自己紹介の表現（名前，好きなもの，好きなこと）を復習し，ペア，グループ，クラ	【知】好きなものや好きなことを表す語句や表現を理解している。(教科書)

	ス全体で尋ねたり答えたりする。 ○楽しい雰囲気にする。	※学級の実態を考慮し，必ずしも評価を残さなくてもよい。
2	①リスニングクイズで，教師や友達の好きなものや好きなことを聞き取る。 ②歌やチャンツで月の言い方を思い出す。 ③ペアやグループで誕生日を伝え合う。 ○ My birthday is .... When is your birthday? を使って伝え合わせる。	【技】相手の好きなものや好きなこと，誕生日について聞き取る技能を身に付けている。(教科書) ※学級の実態を考慮し，必ずしも評価を残さなくてもよい。
3	① ALT（デジタル教材）の好きなものや好きなこと，誕生日，得意なことを聞く。 ②名前，好きなものや好きなこと，誕生日，得意なことをペア，グループで伝え合う。 ○分からない時には，聞き返したり尋ねたりさせる。	【知】好きなものや好きなこと，誕生日，得意なことを表す語句や表現を理解している。(行動観察・教科書) 【技】好きなもの，好きなこと，誕生日，得意なことについて聞き取る技能を身に付けている。(行動観察)
4	①自分の名前，好きなものや好きなこと，誕生日，得意なことを4線のワークシートに書く。 ②ワークシートの内容を参考にしながら，ペア，グループで紹介し合う。 ○語句が分からない時には，ワードリストなどを参考にさせる。	【技】自己紹介に用いる語句について，活字体の大文字と小文字を書き写す技能を身に付けている。(ワークシート) 【思】自分のことをよく知ってもらうために，基本的な語句や表現を用いて話している。(行動観察)
5	① ALT の自己紹介を聞き，発表に向けての準備をする。 ②教師のモデルスピーチを聞き，スピーチの仕方を理解する。 ③プロフィールカード（画用紙）にワークシートから自己紹介文を書き写す。 ○見てもらう人を意識しながら丁寧に書くように支援する。	【思】ALT の自己紹介の概要を捉えている。(行動観察) 【態】自分のことをよく知ってもらうために，好きなものや好きなこと，誕生日，得意なことなどを書き写したり書いたりしようとしている。(プロフィールカード)
6	①再度，教師のモデルスピーチを聞き，自分の発表原稿を再考する。 ②作成した発表原稿を用いて，ペアとグループで模擬発表会をする。 ○知らない語句や表現は，適宜教える。	【技】自己紹介をするために必要な技能を身に付けている。(行動観察) 【態】相手のことをよく知るために，積極的に自己紹介の発表を聞こうとしている。(行動観察，振り返りシート)

7 (本時)	①全体の前で自己紹介をする。 ②聞く側は，発表内容や良かったことをワークシートに簡潔に書く。 ○個々の発表はビデオで撮り，後の評価に活用する。	【思】自分のことをよく知ってもらうために，好きなこと，誕生日，得意なことなどについて，簡単な語句や基本的な表現を用いて発表している。(**行動観察，振り返りシート**) 【態】自分のことをよく知ってもらうために，好きなこと，誕生日，得意なことなどについて，簡単な語句や基本的な表現を用いて発表しようとしている。(**行動観察，振り返りシート**)

5 本時の指導と評価の実際

①単元 「This is me. 自己紹介をしよう」(7／7時間)

②目標

・自分のことをよく知ってもらうために，好きなものや好きなこと，誕生日，得意なことなどについて，簡単な語句や基本的な表現を用いて発表することができる。

・自分のことをよく知ってもらうために，好きなものや好きなこと，誕生日，得意なことなどについて，簡単な語句や基本的な表現を用いて発表しようとする。

③準備物　ビデオカメラ，プロフィールカード，ワークシート（聞く側），振り返りシート

	児童の活動（○）	指導者の活動（・）　評価（方法）(◎)　指導のポイント(●)
5分	○挨拶をする。 ○今日の目標を確認する。	・全体に挨拶をする。 ●数名の子どもに好きなものや好きなことなどについて話しかけ，温かい雰囲気をつくる。 自己紹介のスピーチをしよう。
5分	○発表の準備をする。 ○発表の注意事項を確認する。	・ペアで最後の練習をさせる。 ・発表の仕方，順番を説明する。同時に評価ポイントを伝える。 ●緊張や不安を感じている子どもがいると想定されるので，ペアでしっかりと練習させ，教師が個々の子どもの様子を確認しておく。
20分	○グループごとで順番に前に出る。	・生活グループ（4人）ごとに前に出て，順番に一人ずつ発表する。

	○聞く側は，発表を聞いて分かったことや友達の良かったところをワークシートに簡潔に書く。 ○グループの発表が終わるごとに評価を行い，次のグループはそれを生かすようにする。	【評価のポイント】 ◎自分のことをよく知ってもらうために，好きなものや好きなこと，誕生日，得意なことなどについて，簡単な語句や基本的な表現を用いて発表している。**（行動観察，振り返りシート）** ◎自分のことをよく知ってもらうために，好きなものや好きなこと，誕生日，得意なことなどについて，簡単な語句や基本的な表現を用いて発表しようとしている。**（行動観察，振り返りシート）** ●グループの発表が終わるごとに，聞き手の子ども達から気付きや感想を発表させ，次の発表に生かすようにする。教師も簡単なコメントをする。 ・発表をビデオで録画する。
10分	○全てのスピーチの感想をまとめる。	・ワークシートに書いた内容を確認し，友達の発表で分かったことや良かったことなどを発表させる。
5分	○振り返りをする。 ○終わりの挨拶をする。	・本時の活動についてのコメントをする。

◧6 評価規準例（第7時）

①A・B・Cの状況

A　十分満足できる	B　おおむね満足できる	C　努力を要する
◎語句や表現を選択したり付け加えたりして，分かりやすく発表している。	◎簡単な語句や基本的な表現を用いて発表している。	◎発表を途中で終えたり，日本語で話したりしている。
◎聞き手の反応を確かめながら，くり返し言ったり，言い換えたりして話そうとしている。	◎簡単な語句や基本的な表現を用いて話そうとしている。	◎友達や教師から言われたことを真似て言っている。あるいは十分に言っていない。

②どの子どももB以上の評価にするための手立て

　本単元は，5年生までの既習表現を使って自己紹介をするという内容である。どの子も自信を持ってやり取りや発表ができるように，スモールステップで学習を進めていきたい。誕生日のやり取りについては，月の言い方を忘れている子どももいるので，第2時や第3時でチャン

ツやゲームなどの活動も取り入れ，月の言い方を思い出せるようにしたい。

③Ｃの子どもの状況への支援の具体例

　特に，支援が必要な子どもに対しては，本時に至るまでに，意図的に指名したり個別に助言したりするといった継続的なサポートが必要である。本時の発表の際も，グループの友達と助け合って活動させたい。単元末であるので，今後につながるような声かけをして励ましたい。

■7■評価パフォーマンステスト

①発表用プロフィールカード（下線部に自分のことを書き，好きなものなどの絵を描く。）

Hello.
I'm _____.
I like _____.
My birthday is _____.
I'm good at _____.
What _____ do you like?
Thank you.

イラストなど

【word box】
curry and rice, sushi, sukiyaki, spaghetti, pizza, omelet, ice cream,
donut, pudding, yogurt, swimming, basketball, volleyball, soccer,
tennis, food, color, pink, blue, purple, white, red, yellow, black

②聞き取り用ワークシート

Name	スピーチの内容	良かったこと
Tanaka Mayumi		
Ishii Satoshi		
Yoshimoto Satoko		

2 Unit2 「聞くこと」「話すこと［発表］」「書くこと」の評価事例

単元名　Welcome to Japan.　日本のことをしょうかいしよう

時　間　数　全7時間

言語材料　Welcome to ....　We have ....　Please ....

関連教材　「Welcome to Japan.　日本の四季ポストカードを紹介しよう。」（5年）（東京書籍）

「Welcome to Japan.　日本の行事やそこでできることを紹介することができる。」
（光村図書）

「Welcome to Japan.　日本のことをしょうかいしよう。」（開隆堂）

「Welcome to Japan.　好きな日本の文化」（教育出版）

「Welcome to Japan!　日本のこと，伝えたい」（5年）（三省堂）

「Welcome to Japan.　日本のしょうかい」（啓林館）

■1単元の概要と授業づくりのポイント

①単元の概要

　この単元では，日本の美しい自然や建造物，四季折々の行事，食文化，各地の祭りなどについて紹介する活動を行う。学習全体を通して日本の良さを再発見し，進んで発信しようとする意欲付けをしたい。内容を考えたりポスターを作成したりするのに時間を要するが，他教科等と関連させて学習効果を高めることが期待できる。ペアやグループで活動に取り組み，単元末にはペアの友達と協力しながら発表する。

② 授業づくりのポイント

　6年生になると，他教科等で学んだ日本の食文化や伝統文化などをある程度知識として知っている。本単元では，写真を添付したポスターに簡単な紹介文を書き添えたり，タブレットを活用して紹介したりする。五つの領域の中でも「聞くこと」「話すこと［発表］」「書くこと」を中心に授業を組み立て，「思考・判断・表現」「主体的に学習に取り組む態度」を中心に評価していく。

■2単元の目標

(1)日本の自然や食文化，各地の祭りや行事などを紹介する語彙や表現を理解し，発表することができる。

(2)日本のことをよく知ってもらうために，日本の自然や食文化，各地の祭りや行事などについて，簡単な語句や基本的な表現を用いて発表することができる。発表する文については，例を参考に書き写すことができる。

(3)日本のことをよく知ってもらうために，日本の自然や食文化，各地の祭りや行事などについて，簡単な語句や基本的な表現を用いて発表しようとする。

3 単元の評価規準

	知識・技能	思考・判断・表現	主体的に学習に取り組む態度
聞くこと	〈知識〉　日本の自然や食文化，各地の祭りや行事などを紹介する語句や表現を理解している。〈技能〉　日本の自然や食文化，各地の祭りや行事などを紹介する語句や表現を聞き取る技能を身に付けている。	日本のことをよく知るために，自然や食文化，各地の祭りや行事などを紹介する話の概要を捉えている。	日本のことをよく知るために，自然や食文化，各地の祭りや行事などを紹介する話の概要を捉えようとしている。
話すこと[発表]	〈知識〉　日本のことを紹介する表現を理解している。〈技能〉　日本のことを紹介するために必要な技能を身に付けている。	日本のことをよく知ってもらうために，自然や食文化，各地の祭りや行事などについて，簡単な語句や基本的な表現を用いて話している。	日本のことをよく知ってもらうために，自然や食文化，各地の祭りや行事などについて，簡単な語句や基本的な表現を用いて話そうとしている。
書くこと	〈知識〉　日本のことを紹介する語句や表現を理解している。〈技能〉　日本を紹介する語句や表現を書き写す技能を身に付けている。	日本のことをよく知ってもらうために，発表したい文について，例文を参考に書き写している。	日本のことをよく知ってもらうために，発表したい文について，例文を参考に書き写そうとしている。

4 単元の指導と評価の計画（全7時間）

時	学習活動と指導のポイント（○）	評価規準（【 】）　評価方法（（ ））
1	①教師のスモールトークを聞き，単元のテーマを理解する。②教科書などを参考に，県名クイズや名所名	【知】日本の自然や食文化，各地の祭りや行事などを紹介する語句や表現を理解している。（行動観察）

	産物クイズを行い，主要な表現を知る。 ○楽しい雰囲気にする。	【技】日本の自然や食文化，各地の祭りや行事などを紹介する語句や表現を聞き取る技能を身に付けている。(教科書)
2	①教科書などから，日本のことについて紹介する表現を聞き取る。 ②ペアやグループで県名クイズや名所名産物を尋ねたり答えたりする。 ○ We have .... It's .... などの表現を使って考えさせる。	【知】日本のことを紹介する表現を理解している。(教科書) 【態】日本のことをよく知るために，自然や食文化，各地の祭りや行事などを紹介する話を聞き取ろうとしている。(行動観察，振り返りシート)
3	① ALT やデジタル教材のリスニングクイズを聞き理解する。 ②紹介したいことをメモする。 ③自分が紹介したい内容についてペアやグループで話し合う。 ○語句や表現が分からない時には，ワードリストを参考にしたり尋ねたりさせる。	【思】日本のことをよく知るために，自然や食文化，各地の祭りや行事などを紹介する話の概要を捉えている。(教科書) 【知】日本のことを紹介する語句や表現を理解している。(ワークシート)
4	①日本について発表したいことを話し合う。 ②紹介したいことをメモする。 ③紹介したい内容を書き写す。 ○文字が分からない時には，ワードリストなどを参考にさせる。	【知】日本のことを紹介する語句や表現を理解している。(ワークシート) 【思】日本のことをよく知ってもらうために，発表したい文について，例文を参考に書き写している。(ワークシート)
5	①自分が紹介したい内容を話し合う。 ②教科書の文や友達の作った文を読む。 ③発表内容をポスターなどにまとめる。 ○既習表現を想起させながら，子ども自らが発表の表現を調整できるようにさせる。	【技】日本のことを紹介する語句を書き写す技能を身に付けている。(行動観察，作品) 【態】日本のことをよく知ってもらうために，発表したい文について，例文を参考に書き写そうとしている。(作品)
6	①ペアでポスター（タブレットの活用も可）の発表内容を再考する。 ②作成した発表原稿を用いて，ペアやグループで模擬発表会をする。 ③自分の表現を調整しながらペアで練習する。 ○子どもが知らない語句や表現は，適宜教える。	【技】日本のことを紹介するために必要な技能を身に付けている。(行動観察) 【思】日本のことをよく知ってもらうために，自然や食文化，各地の祭りや行事などについて，簡単な語句や基本的な表現を用いて話している。(行動観察，作品，振り返りシート)

| 7
（本時） | ①ペアで発表の準備や練習をする。
②ペアごとに順番に発表する。
○中間評価を行い，その後の発表に向けて子どもが自己調整できるようにする。
○個々の発表はビデオで撮り，後の評価に活用する。 | 【思】日本のことをよく知ってもらうために，自然や食文化，各地の祭りや行事などについて，簡単な語句や基本的な表現を用いて話している。(**行動観察，ワークシート**)
【態】日本のことをよく知ってもらうために，自然や食文化，各地の祭りや行事などについて，簡単な語句や基本的な表現を用いて話そうとしている。(**行動観察，ワークシート，振り返りシート**) |

5 本時の指導と評価の実際

①単元　「Welcome to Japan.　日本のことをしょうかいしよう」（7／7時間）

②目標

　・日本のことをよく知ってもらうために，自然や食文化，各地の祭りや行事などについて，簡単な語句や基本的な表現を用いて発表することができる。

　・日本のことをよく知ってもらうために，自然や食文化，各地の祭りや行事などについて，簡単な語句や基本的な表現を用いて発表しようとする。

③準備物　ビデオカメラ，ポスター（タブレット），ワークシート，振り返りシート

	児童の活動（○）	指導者の活動（・）　評価（方法）（◎）　指導のポイント（●）
5 分	○挨拶をする。 ○今日の目標を確認する。	・全体に挨拶をする。 ●数名の子どもに好きな日本の食べ物や祭りなどについて話しかけ，温かい雰囲気をつくる。 日本しょうかいのスピーチをしよう。
10 分	○発表の準備をする。 ○発表の注意事項を確認する。	・ペアで最後の練習をさせる。 ・発表の仕方，順番を説明する。同時に評価ポイントを伝える。
25 分	○順番に発表する。 ○聞く側は，発表を聞いて分かったことや友達の良かったところをワークシートに簡潔に書く。	・ペアで前に出て，協力しながら発表させる。 ●自分たちの発表と比べながら聞くように伝える。 【評価のポイント】 ◎日本のことをよく知ってもらうために，自然や食文化，各地の祭りや行事などについて，簡単な語句や基本的な

	○グループの発表が終わるごとに評価を行い，次のグループはそれを生かすようにする。	表現を用いて発表している。**(行動観察，ワークシート)** ◎日本のことをよく知ってもらうために，自然や食文化，各地の祭りや行事などについて，簡単な語句や基本的な表現を用いて発表しようとしている。**(行動観察，ワークシート，振り返りシート)** ・ペアの発表が終わるごとに簡単なコメントをする。 ●グループの発表が終わるごとに，聞き手の子ども達から気付きや感想を発表させ，次の発表に生かすようにさせる。教師も簡単なコメントをする。 ・発表をビデオで録画する。
5分	○振り返りをする。 ○終わりの挨拶をする。	・振り返りシートに感想などを書かせて発表させる。 ・本時の発表や取り組みについてのコメントをする。 ・次時の予告をする。

⑥評価規準例（第7時）

①A・B・Cの状況

A　十分満足できる	B　おおむね満足できる	C　努力を要する
◎語句や表現を選択したり付け加えたりして，分かりやすく発表している。	◎簡単な語句や基本的な表現を用いて話している。	◎発表を途中で終えたり，日本語で話したりしている。
◎聞き手の反応を確かめながら，くり返し言ったり言い換えたりして話そうとしている。	◎簡単な語句や基本的な表現を用いて話そうとしている。	◎友達や教師から言われたことを真似て言っている。あるいは十分に言っていない。

②どの子どももB以上の評価にするための手立て

　本単元は，社会科や総合的な学習の時間などと関連させて行う。ポスターや紹介文を作る際に，選ぶ楽しさや考える楽しさ，英語を用いて紹介する楽しさを味わわせたい。本時では，友達の発表で良かったことを自分の発表に取り入れたり，聞き手の様子を見ながら言い方を工夫したりできたことをしっかりと褒める。

③Cの子どもの状況への支援の具体例

　特に，支援が必要な子どもに対しては，日本の何をどのような表現で紹介したいのかを早い

段階で決めさせておき，ペア相手についても配慮しておく。発表原稿を ALT に読んでもらってくり返し練習させ，その都度上達していることを褒め，不安を取り除いた状態で発表に臨ませたい。発表の順番についても配慮が必要になる。

7 評価テスト（パフォーマンステスト）
①発表用ワークシート（モデルを示し，下線部を書き換えさせる。タブレットも可。）

Welcome to Japan.

We have the Awa Odori Festival in Tokushima.

Do you know it?

It's wonderful.

Please visit Tokushima.

Thank you.

> イラスト
> 写真

②聞き取り用ワークシート

Name	スピーチの内容	良かったこと
Suzuki Ken		
Uenishi Hitomi		
Kamei Takahiro		
Tanaka Mai		

Unit3 「聞くこと」「話すこと［発表］」「書くこと」の評価事例

単元名　He is famous.　She is great.　あの人を紹介しよう

時 間 数　全7時間

言語材料　What ... do you ...?　I like ....　I have ....　I play ....　I want ....　He is ....　She is
....（職業名，性格）

関連教材　「He is famous. She is great.　職業や性格などを言って，世界で活やくする人を紹介
することができる。」（光村図書）
「I am hungry.　様子や特徴［ものの様子や特徴］」（三省堂）
「This is my sister.　身近な人のしょうかい。」（5年）（啓林館）
「Who is this? 人物を問う」（学校図書）

■1 単元の概要と授業づくりのポイント

①単元の概要

　ここでは，大きく三つの活動を設定している。初めは，これまで慣れ親しんできた表現を使
って自己紹介を書く活動をする。次に，友達にインタビューを行って，聞き取ったことをもと
に Who am I?（私は誰でしょう）クイズを作って出題し合う活動をする。最後は，単元を通し
て学習した語句や表現を使って，グループで作ったスキット（寸劇）を発表する活動である。
スキットのテーマは，自分のことやあこがれの人物を伝え合う内容とする。語順を意識させる
ことをポイントとする単元だが，小学校では文法指導を行わない。その分，表現を何度もくり
返し確認することで，語順のルールを子ども達に気付かせたい。そのためには，文字だけでは
なく教科書のイラストを十分に活用することが鍵となる。

②授業づくりのポイント

　これまで十分に音声で慣れ親しんできた簡単な語句や基本的な表現を扱うので，「聞くこと」
「話すこと［発表］」に加えて「書くこと」も取り入れる。単元末のスキットでは，理解したこ
とを使う場面やどのように使っているかが試される，「思考・判断・表現」を中心に評価する。
スキット作りでは，子どもから「これって英語で何て言えばいいの？」という英訳を求めるよ
うな質問をされがちだが，今まで習った語句や外来語で慣れ親しんでいる表現を使うように導
くことが大切である。聞き手が理解できる表現を子どもに聞き返して，一緒に考えることが聞
き手への配慮につながる。

　また，出来上がったスキットはクラスで発表するだけではなく，発表の映像を他のクラスと
見せ合うなどの交流をすると，子どもたちがさまざまなアイデアに出会うことができ，次の学
習に向かって互いに高め合うことができる。

2 単元の目標

(1)語順を意識して，自分のことについて伝え合ったり書き写したりすることができる。

(2)慣れ親しんだ表現を使いながら，場面を設定してスキットを作ることができる。

(3)グループで協力して，スキットの内容が聞き手に伝わるように工夫することができる。

3 単元の評価規準

	知識・技能	思考・判断・表現	主体的に学習に取り組む態度
聞くこと	〈知識〉 　職業や性格を紹介する表現や語順を理解している。 〈技能〉 　職業や性格を聞き取る技能を身に付けている。	自分のことやあこがれの人物を紹介する内容を捉えている。	進んで話を聞き，聞き取れた語句をワークシートに書こうとしている。
話すこと［発表］	〈知識〉 　自分のことやあこがれの人物の紹介の仕方について理解している。 〈技能〉 　自分のことやあこがれの人物を紹介する技能を身に付けている。	自分のことやあこがれの人物について，語順を意識しながら，ふさわしい場面を設定して話している。	聞き手が理解しやすいように，話し方や実物の提示などの工夫をして，発表しようとしている。
書くこと	〈知識〉 　英語の語順のきまりを理解している。 〈技能〉 　英語の語順のきまりを理解し，4線上に書き写す技能を身に付けている。	自分のことやあこがれの人物について，語順を意識して書いている。	4線上に，丁寧に書き写そうとしている。

4　単元の指導と評価の計画（全7時間）

時	学習活動と指導のポイント（○）	評価規準（【 】） 評価方法（（ ））
1	①教師の Who am I? クイズを聞き，さまざまな表現を思い出す。 ②表現を復習し，自分のことを文章で書く。	【知】自分のことを伝えるさまざまな表現を思い出して，理解している。（内容確認）

	○教科書のイラストを活用し，好きなもの，持っているもの，欲しいものなどの区別がつきやすいようにさせる。	【技】教科書のイラストを手がかりに，語順を意識して自分のことを書き表す技能を身に付けている。（ノート）
2	①クラスの友達にインタビューをする。 ②インタビューした友達の中から1人を選び，Who am I? クイズを作る。 ○質問のバリエーションを確認してから，インタビューを始めさせる。	【態】進んで友達から情報を得ようとしている。（行動観察） 【思】得た情報からクイズを作っている。（ワークシート）
3 （本時）	① Who am I? クイズの発表練習をする。 ②クイズを調節してから，全体発表をする。 ○ペアでのやり取りの後，発表内容を調節する時間を設ける。	【思】友達の反応に応じて，ヒントの順を工夫したり，友達のクイズに進んで答えている。（行動観察） 【思】インタビューした内容を使って，クイズを出している。（行動観察）
4	①クイズの発表の続きをする。 ②語順の並び替えをする。 ○語順の並び替えは，品詞の種類ごとに色分けをしたり，イラストを添えたりして，子どもの実態に応じた手立てをする。	【思】インタビューした内容を使ってクイズを出している。（行動観察） 【技】語順を意識し，正しく書く技能を身に付けている。（ワークシート）
5	①人の性格や職業を表す言い方を復習する。 ②活躍している人の紹介を聞く。 ○さまざまな分野で活躍している人で，子どもたちが関心を持つ人物の紹介を準備させる。	【知】人の性格や職業を表す表現を理解している。（内容確認） 【技】聞き取れたことをメモする技能を身に付けている。（ワークシート）
6	①自分のことやあこがれの人を紹介するスキットをグループで作る。 ②聞き手に伝わるようにグループで工夫する。 ○セリフ作りの質問には，既習の語彙を使ってアドバイスする。	【思】正しい語順を意識してスキットを作っている。（ワークシート） 【態】グループで協力し，聞き手を意識した内容を作ろうとしている。（行動観察）
7	①グループで作成したスキットを発表する。 ②聞く側は，発表内容をワークシートに簡潔に書く。 ○スキットの発表はビデオで撮り，評価の記録として活用する。	【思】場面を設定し，自分のことやあこがれの人物の紹介をしている。（行動観察） 【思】スキットの内容を捉え，感想をまとめている。（ワークシート）

5 **本時の指導と評価の実際**

①単元 「He is famous.　She is great.　あの人を紹介しよう」（3／7時間）

②目標

　　・自分とあこがれの人について，基本的な語句や表現を用いて，発表することができる。

　　・話の内容を捉え，進んでクイズに挑戦している。

③準備物　ビデオカメラ，内容確認ワークシート（聞く側），振り返りシート

	児童の活動（○）	指導者の活動（・）　評価（方法）（◎）　指導のポイント（●）
5分	○挨拶をする。 ○今日の目標を確認する。	・日直主導で挨拶をする。 友達のことをクイズでくわしく紹介しよう。
10分	○ペアでクイズ（Who am I? クイズ）を出し合う。 ○最終調整をする。	・答え方 "Yes, that's right." "No, sorry." を確認する。 ・他のペアに出題し，出題の練習の機会とする。 ●ペアの相手の反応によって話の順番を変えたり，ジェスチャーを加えたりなど，難易度の調節をするように伝える。
20分	○順番に発表（出題）する。 ○聞く側は，答えの予想をワークシートに書く。	・発表をビデオで録画する。 ・出題後，20〜30秒をタイマーで測り，予想タイムとする。 ・答える人数は3人までとするなど，子どもとルールを決めておく。 ●発表しやすい雰囲気になるように，進んで相づちを打ったり，キーワードをくり返したりして反応を示す。 【評価のポイント】 ◎慣れ親しんだ語句や表現を用いて，クイズを発表している。（行動観察） ◎話の内容を捉え，進んでクイズに挑戦している。（ワークシート）
10分	○振り返りをする。 ○終わりの挨拶をする。	・クイズの内容を工夫したり，伝わりやすい発表ができていた子どもについて振り返りシートに書く。 ・クイズで良かったところを「褒め褒めタイム」として伝え合う。 ●教師からは，発表者側と聞き手側と，それぞれの立場で良かったことをコメントする。次回のクイズ発表がより良くなるように意欲を持たせる。

6 評価規準例（第3時）

①Ａ・Ｂ・Ｃの状況

A　十分満足できる	B　おおむね満足できる	C　努力を要する
◎ I like .... I play .... などの表現を用いて，聞き手を意識しながら工夫をした Who am I? クイズを出題している。	◎ I like .... I play .... などの表現を用いて，"Who am I?" クイズを出題している。	◎準備していたクイズを出題しなかったり，途中で終えたりしている。
◎ Who am I? クイズの内容を正確に捉えて，答えとなる子どもの名前を正確に答えている。	◎ Who am I? クイズの内容をおおむね捉えている。	◎発表を聞かず，クイズに参加していない。

②どの子どもも B 以上の評価にするための手立て

　普段から，発表する際には，教師が聞き手を意識した良いモデルを示しておくことが大切である。

　聞き手を意識した工夫の例としては，話す声の大きさや速さ，目線を聞き手に向けておくこと，必要があれば実物を使ったり，ジェスチャーを加えたりして表現すること等である。普段の発表から，聞き手に伝わりやすいようにするという視点を持たせ，より良くする具体的な方法を子ども達に学ばせておくことが大切である。

　そして自分自身の気付きと，ペアの友達からのアドバイスをもとに，さらなるステップアップができるようにしたい。

③Ｃの子どもの状況への支援の具体例

　前時のインタビューの際に，十分にサポートをして，一緒に1問クイズを作っておくことが大切である。

　本時のペアで出題する際にも，事前の練習のサポートを十分にする。

　発表の際には，できる限り自力で発表させるが，近くで声をかけてあげたり，周りが聞き取れるようにリードしたりして，いつでも子どものサポートができるようにある程度近くに立っておくことが大切である。そして，発表後，聞いている子どもと一緒に拍手するなど，次に向けた意欲を引き出しておく。

7 評価テスト（クイズ発表）

①デモンストレーションの例を示し，出題のイメージを持たせる。

【Example】

出題者　Who am I?

　　　　I like pudding.

　　　　I like tennis but I don't like swimming.

　　　　I want a new tennis wear.

　　　　Thank you.

　　　　（20～30秒の間にワークシートに，答えの予想を書く）

　　　　Who am I?

回答者　（名前）？

出題者　Yes, that's right.

　　　　No, sorry.

　　　　（答えが違っていたら，他の子どもに挑戦させる）

---

②振り返りシート

Unit 3-3 He is famous. She is great.

（月　　　　　）（日　　）

（曜日　　　　　　　）

　　　　　　　　　　　Name

[TODO'S GOAL]　今日の目標

Hop　（　）みんなに届く声の大きさで、クイズを発表できた（今日発表者のみ）。

Step　（　）ヒントをだいたい聞き取れた。

Jump　（　）すすんでクイズに挑戦できた。

> 目標の達成度を左の（　）の中に
> ◎○△で書きましょう。

Who am I?　○Yes, that's right.　×No, sorry.

I	2	3	4
予想（　　　） 答え（　　）	予想（　　　） 答え（　　）	予想（　　　） 答え（　　）	予想（　　　） 答え（　　）
5	6	7	8
予想（　　　） 答え（　　）	予想（　　　） 答え（　　）	予想（　　　） 答え（　　）	予想（　　　） 答え（　　）
9	10	11	12
予想（　　　） 答え（　　）	予想（　　　） 答え（　　）	予想（　　　） 答え（　　）	予想（　　　） 答え（　　）

Unit 3　単元の流れ		
I	自分のことを英語でまとめる	（　）
2	インタビューをして、Who am I?　クイズを作る	（　）
③	ペアでクイズ発表・調整 クイズ発表　前半	（　）
4	クイズ発表　後半 並び替えて文づくり	（　）
5	性格と職業の言い方	（　）
6	自分や人を紹介するスキット づくり（グループ）	（　）
7	スキット発表	（　）

Unit4 「聞くこと」「話すこと［発表］」「書くこと」の評価事例

単元名　We all live on the Earth.
地球に暮らす生き物について考え，そのつながりを発表しよう

時間数 全7時間

言語材料 Where do（sea turtles）live?（Sea turtles）live in the sea.

What do（sea turtles）eat?（Sea turtles）eat（jellyfish）.

海の生き物，動物，虫，自然，体など

関連教材 「We all live on the Earth.　食物連鎖（フードチェイン）について発表しよう。」
（東京書籍）

「What do zebras eat?　生き物には「食べる」「食べられる」関係があるね。」（光村図書）

■1 単元の概要と授業づくりのポイント

①単元の概要

　本単元は，他教科との関連を図った内容言語統合型学習（クロスカリキュラム）である。理科で習った食物連鎖や社会や家庭科で習う水の循環，3R（スリーアール：環境リサイクル）に関連させた内容を英語で扱うことで，自然や環境について，より深い思考とそれらを大切にしようとする心情を育むことをねらっている。

　ここでは，地球に暮らす生き物がどこで暮らし，何を食べているのかについて話を聞いたり，友達同士で尋ね合ったりする。また，書き留めた文をもとに，「フードチェインカード」を作成し，グループで食物連鎖のポスターを作って発表する。

② 授業づくりのポイント

　五つの領域の中でも，この単元では，「聞くこと」「話すこと［発表］」を中心に授業を組み立てる。加えて，「フードチェインカード」作成では，「何が何を食べる」という文を書き写す活動（「書くこと」）を取り入れ，語順に気付かせるようにする。

■2 単元の目標

(1)地球に暮らす生き物やそのつながりを発表する語句や表現を理解し，必要な情報を聞き取ったり話したりすることができる。また，話したい内容について例を参考に書き写すことができる。

(2)地球に暮らす生き物のつながりについて知るために，話の概要が分かったり，簡単な語句や基本的な表現を用いて，生き物のつながりについて話したりすることができる。

(3)他者に配慮し，主体的に英語を用いて地球に暮らす生き物のつながりについて話そうとする。

3 単元の評価規準

	知識・技能	思考・判断・表現	主体的に学習に取り組む態度
聞くこと	〈知識〉 地球に暮らす生き物や，そのつながりを表す語句や表現を理解している。 〈技能〉 地球に暮らす生き物について必要な情報を聞き取る技能を身に付けている。	地球に暮らす生き物について話されるのを聞いて，概要を捉えている。	地球に暮らす生き物や，そのつながりについて，主体的に英語で話されたことを聞こうとしている。
話すこと［発表］	〈知識〉 発表する表現について理解している。 〈技能〉 地球に暮らす生き物のつながりについて話す技能を身に付けている。	地球に暮らす生き物のつながりを伝えるために，簡単な語句や基本的な表現を用いて話している。	他者に配慮しながら，主体的に英語を用いて地球に暮らす生き物のつながりについて話そうとしている。
書くこと	〈知識〉 語順を理解している。 〈技能〉 例文を参考に，発表したい文を書き写す技能を身に付けている。	地球に暮らす生き物のつながりを伝えるために，語順を考え，話したい文を例文を参考に書き写している。	他者に配慮しながら主体的に話したい文を，例文を参考に書き写そうとしている。

4 単元の指導と評価の計画（全7時間）

時	学習活動と指導のポイント（○）	評価規準（【 】） 評価方法（（ ））
1	①歌や教師のスモールトークを聞き，単元のテーマを理解する。 ②ワードゲームや生き物クイズを行い，重要表現に出会う。 ○楽しい雰囲気にする。	【知】地球に暮らす生き物についての語句を理解している。(行動観察) ※学級の実態を考慮し，必ずしも評価を残さなくてもよい。
2	①ワードゲームや生き物クイズを行う。 ②ペアやグループで，生き物が住んでいる場所を尋ねたり答えたりする。	【技】地球に暮らす生き物について，必要な情報を聞き取っている。(行動観察) 【技】例文を参考に書き写す技能を身に

	③例文を参考に書き写す。 ○音声で十分に慣れさせて書くようにさせる。	付けている。(教科書)
3	①生き物が住んでいる場所や食べているものについて聞き取る。 ②生き物がどこに住み，何を食べているのかを尋ねたり答えたりする。 ○ Where do（sea turtles）live? を使わせる。	【技】地球に暮らす生き物について，必要な情報を聞いたり言ったりする技能を身に付けている。(行動観察，振り返りシート)
4	①ウミガメの話を聞いて順番を書いている。 ②生き物が何を食べるのかを考えて言う。 ③何を食べるのかを尋ねたり答えたりする文を書き写す。 ○教科書の巻末カードを用意させる。	【思】話の概要を捉えている。(教科書，振り返りシート) 【技】例文を参考に書き写す技能を身に付けている。(教科書)
5	①スモールトークで生き物が住んでいる場所やその動物ができることなどをペアやグループで話し合う。 ②教科書の文や友達の書いた文を読む。 ③「フードチェインカード」を仕上げ，自分の発表する表現を調整しながらペアで練習をする。 ○既習の表現を想起させながら，子ども自らが発表のための表現を調整できるようにする。	【思】簡単な語句や基本的な表現を用いて地球に暮らす生き物のつながりについて話している。(行動観察，振り返りシート) 【態】他者に配慮しながら，主体的に英語を用いて話そうとしている。(行動観察，振り返りシート)
6 （本時）	①グループでポスターを作り，発表の内容を再考したり準備をしたりする。 ②グループごとに発表する。 ○中間評価を行い，その後の発表で子ども自身が調整できるようにする。	【思】簡単な語句や基本的な表現を用いて話している。(行動観察，ワークシート) 【態】他者に配慮しながら英語を用いて話そうとしている。(行動観察)
7	①何が何を食べるかについて，話したり文を作ったりする。 ②自然や環境を守るために自分たちにできることを考え，英語を使って伝えている。 ○子どもが言いたいことを支援する。	【知】語順を理解している。(教科書) 【思】話の概要を捉えたり，簡単な語句や基本的な表現を用いて話したりしている。(行動観察，振り返りシート)

■5 本時の指導と評価の実際

①単元 「We all live on the Earth. 地球に暮らす生き物について考え，そのつながりを発表し

よう」（6／7時間）

②目標
・地球に暮らす生き物のつながりについて，概要を捉えることができる。
・地球に暮らす生き物のつながりについて，簡単な語句や基本的な表現を用いて話すことができる。
・他者を配慮しながら主体的に英語を用いて話そうとする。

③準備物　ビデオカメラ，内容確認ワークシート（聞く側），振り返りシート

	児童の活動（○）	指導者の活動（・）　評価（方法）（◎）　指導のポイント（●）
5分	○挨拶をする。 ○今日の目標を確認する。	・全体に挨拶をし，数名に気持ちを尋ねる。 ●発表することに緊張している子どももいることから，少し和むような話を加える。 地球に暮らす生き物のつながりを発表しよう。
15分	○ポスターを作り，グループ（3〜4人）で発表の準備をする。 ○注意事項を確認する。	・グループで絵カードを貼ってポスターを作らせ，表現の工夫をさせながら発表の練習をさせる。 ・発表の仕方，順番を説明する。同時に評価ポイントを伝える。
20分	○グループごとに順番に発表する。 ○聞く側は，聞いた内容をワークシートに簡潔に書く。 ○グループごとに評価を行い，次のグループはそれを生かすようにする。 ○最初のグループは最後にもう一度修正を加えて行う。	●クラス規模にもよるが，1グループごとに発表の後に子どもに気付きを交流させたり，教師が簡単なコメントをしたりする。1グループごとに評価をする場合には，最初のグループは，最後に再度発表させ，自分たちの発表を改善できるようにする。 ●ワークシートに，他のグループの発表を聞いて改善しなければいけない点を記入できるようしておく。 ・発表をビデオで録画し，評価で使用する。 【評価のポイント】 ◎発表の概要を捉えている。（**行動観察**） ◎目的を持って，簡単な語句や基本的な表現を用いて話している。（**行動観察，ワークシート，振り返りシート**） ◎聞き手に配慮しながら主体的に英語を用いて話そうとしている。（**行動観察，ワークシート，振り返りシート**）
5分	○振り返りをする。 ○終わりの挨拶をする。	・本時の発表や取組についてコメントをする。 ・次時の予告をする。

6 評価規準例（第6時）

① Ａ・Ｂ・Ｃの状況

Ａ　十分満足できる	Ｂ　おおむね満足できる	Ｃ　努力を要する
◎地球に暮らす生き物のつながりについて，発表される内容について，詳しく理解している。	◎地球に暮らす生き物のつながりについて，話の発表内容について，おおむね理解している。	◎発表を聞かなかったり，発表の内容も，まったく理解していない。
◎生き物のつながりを伝えるために，語句や表現を効果的に選択したり付け加えたりして，より分かりやすく話している。	◎生き物のつながりを伝えるために，簡単な語句や基本的な表現を用いて話している。	◎全てにおいて，友達や教師に言われた通りに言っている。あるいは，十分に言っていない。
◎聞き手に配慮して，内容を理解してもらうために，聞き手の反応に合わせて表現等を変えて話そうとしている。	◎聞き手に配慮しながら，主体的に英語を用いて話そうとしている。	◎英語を話そうとしない。

② どの子どももＢ以上の評価にするための手立て

　日頃から，スモールトークなどで自由にやりとりする場を設け，基本的な語句や表現をくり返し使わせたり，既習の表現を導き出し，表現を選択したり付け加えたりすることに慣れさせておく。

　また，モデルとなる表現やスピーチなどを活動に取り入れ，自然にくり返し聞かせるとともに，子どもの実態に合わせてゲームやチャンツなどの活動を効果的に取り入れる。基本的な表現が楽しく身に付くようにすることが大切である。

③ Ｃの子どもの状況への支援の具体例

　特に，支援が必要な子どもに対しては，教師が気にかけ，何度も問いかけ，答えさせることをくり返したり，教師やALTの真似をさせたりする。練習の都度，上達具合を具体的に伝え，子どもが自信を持って発表に臨めるようにしたい。また，内容が英語では難しいことから，まずは，日本語で内容を理解させることが大切である。

■7 評価テスト（パフォーマンステスト）

①発表用ワークシート（モデルを示し，下線部を自分のことに書き換えさせる。）

【Example】

Hello, everyone.

<u>Bears</u> live in the <u>forests</u>.

<u>Bears</u> are <u>strong</u>.

<u>Bears</u> eat <u>salmon (fish)</u>.

…（同じグループの他の人の発表）

We all live on the Earth. Thank you.

【word box】

bear, eagle, elephant, shark, tiger, whale, dolphin,
frog, monkey, rabbit, snake, fish, grasshopper,
spider, sea turtle, jellyfish, squid, shrimp, ant,
butterfly, lion, zebra, gorilla, horse, camel, cow,
sheep, pig, panda, koala, penguin, dog, cat, mouse,
bird, sea, forest, mountain, river, wetland, tree, pond,
desert, lake, island, savanna, flower

②聞き取り用ワークシート

Group	A	B	C	D
スピーチ内容				
参考にしたい点				
今後の自分達の発表の改善点				

5 Unit5 「聞くこと」「話すこと［発表］」「書くこと」の評価事例

単元名　My Summer Vacation　夏休みの思い出

時 間 数　全7時間

言語材料　I went to ....　I enjoyed ....　I saw ....　I ate ....　How was it?　It was ....

関連教材　「Summer Vacations in the World.　夏休みの思い出を紹介しよう。」（東京書籍）

「My Summer Vacation　夏休みのできごとや感想を発表することができる。」（光村図書）

「My Summer Vacation　夏休みの思い出を発表しよう。」（開隆堂）

「My Summer Vacation　夏休みの思い出」（教育出版）

「I went to Hawaii.　夏休みの思い出［夏休みにしたこと］」（三省堂）

「My summer vacation was great.　夏休みの思い出」（啓林館）

「I went to my grandparents' house.　夏休みの思い出」（学校図書）

■1 単元の概要と授業づくりのポイント

①単元の概要

　夏休み明けの子ども達は，さまざまな思い出を胸に登校するだろう。子ども達の「伝えたい」という気持ちを大切にしながら，夏休みの思い出ポスターを作ったり，発表したりする。本単元では，初めて過去を表す表現を学習することになる。場面や状況からその意味を捉えさせるとともに，音声で十分に慣れ親しませたうえで，例文を参考にしながら書くことができるようにしたい。

②授業づくりのポイント

　五つの領域の中でも，この単元では，「聞くこと」「話すこと［発表］」「書くこと」を中心に授業を組み立てる。夏休みの思い出発表やポスター・カード作り等を通して，他者に効果的に伝える経験をさせる。友達や外国の子ども達の夏休みの出来事や過ごし方を聞いて，自分の表現に生かしたり，新たな気付きを促したりすることをねらい，「思考・判断・表現」の面を中心に評価したい。

■2 単元の目標

(1)夏休みの出来事や感想を紹介する語句や表現を理解し，自分の思い出を紹介することができる。活字体の大文字・小文字を理解し，例を参考に紹介したい文を書くことができる。

(2)伝えたいことを選びながら，自分の夏休みの思い出について紹介することができる。

(3)他者によく伝わるように配慮して，夏休みの出来事や感想を伝えようとしている。

❸単元の評価規準

	知識・技能	思考・判断・表現	主体的に学習に取り組む態度
聞くこと	〈知識〉 　夏休みの出来事や感想を紹介する語句や表現を理解している。 〈技能〉 　夏休みの出来事や感想を聞き取る技能を身に付けている。	友達や世界の子ども達の夏休みの出来事やその感想などについて話されるのを聞いて，その概要を捉えている。	相手のことを知るために，積極的に話を聞いたり，発表を聞こうとしたりしている。
話すこと［発表］	〈知識〉 　夏休みの出来事や感想を紹介する語句や表現を理解している。 〈技能〉 　自分の夏休みの出来事や感想を紹介する技能を身に付けている。	夏休みの出来事や感想を伝えるために，過去を表す基本的な表現を用いて，自分の考えや気持ちなどを話している。	夏休みの出来事や感想を分かりやすく伝えるために，工夫しながら発表しようとしている。
書くこと	〈知識〉 　夏休みの思い出を発表するための語句や表現を理解している。 〈技能〉 　夏休みの出来事や感想について，例を参考にしながら，書き表す技能を身に付けている。	夏休みの出来事やその感想を伝えるために，自分が紹介したい内容を選び，例文を参考にしながら書いている。	夏休みの出来事や感想を伝えるために，自分が紹介したい内容について，例文を参考にしながら書こうとしている。

❹単元の指導と評価の計画（全7時間）

時	学習活動と指導のポイント（○）	評価規準（【　】）　評価方法（（　））
1	①教師や登場人物の夏休みの思い出を聞き，単元のテーマを理解する。 ②夏休みの出来事の言い方を知る。 ○絵や写真，動画等を用いて意味を理解させたり，ゲームでくり返し発話させたりする。	【知】夏休みの出来事に関する語句を理解している。（内容確認，行動観察） 【態】夏休みの思い出を意欲的に聞いている。（行動観察）

2	①夏休みの出来事（行った場所，食べた物，見た物等）を聞き取る。 ②ペアやグループで自分の夏休みの出来事を伝える。 ○ワードリストや絵辞典を活用し，自分の言いたいことを言えるようにさせる。	【技】夏休みの出来事を伝える表現を聞き取ったり言ったりする技能を身に付けている。（教科書，行動観察） 【思】自分が言いたいことを考え，表現している。（行動観察）
3	①夏休みの出来事を尋ねたり答えたりする。 ②友達に伝えた夏休みの出来事を，例文を参考にしながら1つ書く。 ○ What did you do in summer? 等の表現を使って尋ね合わせる。	【思】相手の夏休みの出来事について内容を捉えている。（ワークシート） 【態】相手のことを知るために，積極的に聞いたり話したりしようとしている。（行動観察）
4	①夏休みの出来事とその感想を聞き取る。 ②チャンツをしたりゲームをしたりして，感想の言い方に慣れる。 ○ジェスチャーや表情をつけることで意味理解を促す。	【技】感想を聞き取ったり言ったりする技能を身に付けている。（教科書，行動観察）
5	①夏休みの出来事とその感想を尋ねたり答えたりする。 ②友達に伝えた夏休みの出来事や感想を，例文を参考にしながら1つ書く。 ○ What did you do in summer? How was it? 等の表現を使ってペアやグループで尋ね合わせる。	【思】相手の夏休みの出来事とその感想の内容を捉えている。（ワークシート） 【態】相手のことを知るために，積極的に聞いたり話したりしようとしている。（行動観察）
6	①教師の夏休みの思い出の発表を聞き，発表内容を考える。 ②夏休みの思い出ポスターやカードを作る。 ○自分が伝えたいことを選び，前時までに書き留めてきた文を振り返りながら，ポスターやカード作成させる。	【思】自分が紹介したい内容を選びながら発表内容を考えたり，例文を参考にしながら書いたりしている。（行動観察，ポスターやカード等の成果物）
7 （本時）	①全体の前で夏休みの思い出を発表する。 ②聞く側は，発表内容をワークシートに簡潔に書く。 ○個々の発表はビデオで撮り，後の評価に活用する。	【思】夏休みの思い出について，基本的な語句や表現を用いて，発表している。（発表） 【思】相手の夏休みの思い出について，内容を捉えている。（ワークシート）

⑤本時の指導と評価の実際

①単元　「My Summer Vacation　夏休みの思い出」（7／7時間）

②目標

　・夏休みの思い出について，基本的な語句や表現を用いて，発表することができる。

　・友達の夏休みの思い出に関心を持ち，意欲的に発表を聞こうとする。

③準備物　ビデオカメラ，内容確認ワークシート（聞く側），振り返りシート

	児童の活動（○）	指導者の活動（・）　評価（方法）（◎）　指導のポイント（●）
5分	○挨拶をする。	・全体に挨拶をし，これまでに学習した表現を用いて会話をしたりチャンツをしたりする。 ●発表することに緊張している子どもや声が出しにくい子どももいることから，誰でも気楽に声に出せる雰囲気を作る。
	○今日の目標を確認する。	夏休みの思い出を紹介しよう。
10分	○発表の注意事項や評価のポイントを確認する。	・国語科の学習を想起させたり，悪い例と比較させたりしながら，発表する際の注意事項を確認する。同時に評価のポイントを伝える。 【評価のポイント】 ◎夏休みの出来事とその感想について，基本的な語句や表現を用いて，発表している。(発表) ◎友達の夏休みの思い出について，その内容を捉えている。(ワークシート)
	○発表の準備をする。	・ペアで発表の練習をし，助言し合う。 ・発表内容を確認するワークシートを配布する。 ・友達の発表に対して反応ができるよう，褒め言葉や相づち等の表現（Nice. Really? Me, too. など）を確認する。
20分	○作成したポスターやカードを見せながら，順番に発表する。 ○聞く側は，聞いた内容をワークシートに簡潔に書く。	●発表に対して自信を持てなかったり，恥ずかしがったりする子どももいることが想定されるが，発表の順番や発表の場の設定を工夫して，全ての子どもが発表できるようにする。 ●クラスの規模にもよるが，一人一人に発表の後に簡単なコメントをしたり，質問をしたりしてもよい。

		・発表をビデオで録画する。
		・聞く側は，ワークシートにメモをすることばかりに集中するのではなく，発表に対して反応するように促す。
5分	○スピーチの内容を確認する。	・ワークシートに書いたスピーチの内容を確認する。
5分	○振り返りをする。 ○終わりの挨拶をする。	・発表についてのコメントをする。

⑥評価規準例（第7時）

①Ａ・Ｂ・Ｃの状況

Ａ　十分満足できる	Ｂ　おおむね満足できる	Ｃ　努力を要する
◎夏休みの出来事や感想を，既習事項を生かして表現を自ら選び，相手に配慮しながら，聞き手に伝わるように工夫しながら発表している。	◎自分の夏休みの思い出について，基本的な語句や表現を用いて，発表している。	◎発表を途中で終えたり，日本語で話したりして，英語で発表していない。
◎相手の夏休みの思い出について，具体的に内容を捉えている。	◎相手の夏休みの思い出の内容を捉えている。	◎発表を聞いていない。

②どの子どももＢ以上の評価にするための手立て

　単元の初めから，毎時間，学習したことをワークシートにメモしたり，書き写したりしておくことで，発表の手掛かりとなるようにする。形態を変えたり，クイズ形式にしたりしながらモデルとなる発表を何度も聞かせ，音やリズムをつかませたい。

　ICT機器が整備されている場合は，録音機能を使って自分の発表を録音するなど個別の練習の場を設定したい。

③Ｃの子どもの状況への支援の具体例

　特に，支援が必要な子どもに対しては，友達や教師のサポートにより原稿を完成させる。そして，その子どもの原稿をモデル（ALT等）に読んでもらい，それを録音して，子どもに何度も何度も聞かせて真似をさせる。

　発表への意欲を喚起できるよう，教師はその伸びを捉え，十分に称揚したい。

7 評価テスト（パフォーマンステスト）

①夏休みの思い出ポスター・カード（薄い字はなぞり，4線上に書かせる。）

【Example】

My Summer Vacation

I went to **my grandparents' house.**

I **ate watermelons.**

It was **delicious.**

Thank you.

イラスト

【word box】教科書 p. ○や絵辞典 p. ○を参考にしてもいいです。

したこと（went, ate, saw, enjoyed, had）
自然（beach, mountain, sea, lake, river）
動作（hiking, camping, fishing）
食べ物（watermelon, ice cream, curry and rice ）
感想（good, great, beautiful, nice, delicious）

②聞き取り用ワークシート

Name	スピーチの内容
Kamei Maiko	
Ishida Yui	
Tanaka Mayumi	
Yoshimoto Satoko	

6 Unit6 「聞くこと」「話すこと［やり取り］」の評価事例

単元名 What do you want to watch? スポーツ

時 間 数　全7時間

言語材料　What do you want to watch?　I want to watch ....　Do you want to watch ...?
　　　　　What sport do you like?　Who is your favorite ...?

関連教材　「What do you want to watch?　見たいスポーツをたずね合うことができる。」（光村図書）

　　　　　「What sport do you like?　人気のスポーツを調べよう。」（開隆堂）

　　　　　「Olympics and Paralympics　世界で活やくするスポーツ選手」（教育出版）

■1 単元の概要と授業づくりのポイント

①単元の概要

　子ども達にとって比較的なじみ深いスポーツの英語表現を用いて，好きなスポーツや見たいスポーツを尋ねたり答えたりしながら，人気があるスポーツは何かを調べる。回答を予想してインタビューをしたり，調べたことをランキング形式にして他の学級と比べたりするなど，目的を持った学習活動を設定したい。あわせて，世界で人気のあるスポーツや世界的に活躍する日本人選手を知り，知識の幅を広げたり，自らの将来について考えたりする契機の一つにもなり得る単元である。

②授業づくりのポイント

　五つの領域の中でも，この単元では「聞くこと」「話すこと［やり取り］」を中心に授業を組み立てる。多くの友達とやり取りができる学習活動を設定し，相手の質問に対して，自分の思いや考えをはっきりと伝えたり，相手に興味を持ってもらうために工夫して表現したりする「思考・判断・表現」の面を中心に評価していく。

■2 単元の目標

(1)好きなスポーツや見たいスポーツについて尋ねたり答えたりする表現を理解し，相手と伝え合うことができる。

(2)相手に自分の思いや考えを伝えるために，お互いの好きなスポーツや見たいスポーツ，その理由などを，質問したり答えたりすることができる。

(3)自分の好きなスポーツや見たいスポーツについて，自分の思いや考えがよく伝わるように，伝え方を工夫しようとする。

3 単元の評価規準

	知識・技能	思考・判断・表現	主体的に学習に取り組む態度
聞くこと	〈知識〉 　好きなスポーツや見たいスポーツについて，伝え合う表現を理解している。 〈技能〉 　スポーツについて話される簡単な語句や表現，具体的な情報を聞き取る技能を身に付けている。	スポーツについて*話されるのを聞いて，その概要を捉えている。 （*好きなスポーツや見たいスポーツ，オリンピックやパラリンピック，好きなスポーツ選手など，教材に応じてさまざまな内容が考えられる。）	相手の思いや考えを知るために，積極的に話を聞こうとしている。
話すこと[やり取り]	〈知識〉 　自分の好きなスポーツや見たいスポーツなどについて，伝え合う表現を理解している。 〈技能〉 　好きなスポーツや見たいスポーツについて，伝え合う技能を身に付けている。	自分の好きなスポーツや見たいスポーツなどについて，基本的な語句や表現を用いて伝え合っている。	好きなスポーツや見たいスポーツなどについて理解を深め，聞き手に配慮しながら，伝え合おうとしている。

4 単元の指導と評価の計画（全7時間）

時	学習活動と指導のポイント（○）	評価規準（【　】）評価方法（（　））
1	①スポーツに関する話を聞いたり動画を視聴したりする。 ②ゲームやクイズ，チャンツなどをして，スポーツの言い方に慣れる。 ○単元末の学習活動を見こした話をして，単元の見通しが持てるようにする。	【知】スポーツの言い方を理解している。（行動観察） 【態】相手の話を注意深く聞き，内容を捉えようとしている。（行動観察，発表）
2	①好きな（見たい）スポーツを尋ねたり答えたりする表現を知る。 ②ゲームやチャンツをして表現に慣れる。 ○ Do you like (want to watch) …? の表現をくり返し言えるように学習活動の内容を工夫する。	【知】好きな（見たい）スポーツについて聞いて理解している。（教科書，行動観察）

3	①前時の表現 Do you like（want to watch）…? を用いたゲームやチャンツなどをする。 ②好きな（見たい）スポーツは何かを尋ねたり答えたりする表現を知る。 ○ What sport do you like（want to watch）? の表現をくり返し言えるように学習活動の内容を工夫する。	【知】好きな（見たい）スポーツは何か尋ねたり答えたりする表現を聞いて理解している。（**行動観察，ワークシート**）
4	①好きな（見たい）スポーツは何かを尋ねたり答えたりする。 ②自分の好きな（見たい）スポーツについて例文を参考にして書く。 ○ What sport do you like（want to watch）? の表現を使って，自分の思いを伝え合わせる。	【技】好きな（見たい）スポーツについて尋ねたり答えたりしている。また，４線上に正しく書く技能を身に付けている。（**行動観察，ワークシート**） 【思】簡単な語句や表現を用いて，自分の好きな（見たい）スポーツを相手に伝えている。（**行動観察**）
5	①やってみたいスポーツ（好きなスポーツ選手）について尋ねたり答えたりする表現を知るとともに，尋ねたり答えたりして伝え合う。 ○次時のインタビュー活動につながるように，実態に応じて尋ねる内容を変えさせる。	【思】やってみたいスポーツ（好きなスポーツ選手）について，自分の思いを伝え合っている。（**ワークシート**） 【態】友達のことを知るために，積極的にインタビューしようとしている。（**行動観察**）
6 （本時）	①教師のデモンストレーションや教師とのやり取り，動画視聴などを通して，これまで学習した表現を思い出す。 ②好きな（見たい）スポーツを調べるために尋ね合う。 ○前時の質問内容も加え，好きな（見たい）スポーツについて，意欲的にインタビューに取り組めるようにさせる。	【思】友達に好きな（見たい）スポーツなどを尋ねて，人気のスポーツを調べている。（**ワークシート**） 【態】学習した表現を使いながら，自分の思いや考えを伝えようとしている。（**行動観察**）
7	①前時のインタビュー結果をもとに，ランキングを予想する。 ②好きな（見たい）スポーツなどの発表会をしながら，ランキングを完成する。 ○インタビュー形式で発表させ，その様子を録画しておき，後の評価に活用してもよい。	【思】尋ねられたことに対して，自分の思いを伝えている。（**発表**） 【思】相手の話す内容を捉えている。（**ワークシート**）

5 本時の指導と評価の実際

①単元 「What do you want to watch?　スポーツ」（6／7時間）

②目標
　・友達と見たいスポーツややってみたいスポーツを伝え合うことができる。
　・学習した表現を使いながら，自分の思いや考えを伝えようとする。

③準備物　ボイスレコーダー，ワークシート，振り返りシート

	児童の活動（○）	指導者の活動（・）　評価(方法)(◎)　指導のポイント(●)
5分	○挨拶をする。 ○スポーツの言い方を復習する。 ○今日の目標を確認する。	・全体に挨拶をし，数名に天気や気持ちを尋ねる。 ●復習も兼ねてスリーヒントクイズをし，スポーツに関する簡単な話を聞いたり，スポーツの言い方を思い出したりする機会を作る。 人気スポーツランキングを作ろう。 ●ランキング1位になったスポーツを体育の時間に実際にすることを確認し，目的を持った活動にする。
15分	○インタビューの映像を見て，表現を思い出したり，練習したりする。	・校内の数人の先生に前もってインタビューをしておき，その映像を見せる。 ●それぞれの先生の答えを予想したり，子どもが質問し，答えの部分を聞かせるなど，映像を見たり，それに合わせて言ったりする中で表現を思い出せるようにする。 ・ワークシートを配布する。 ●ALTとやり取りをし，ワークシートの記入の仕方を確認する。
20分	○ペアでインタビューをする。 ○インタビューをする（1回目）	・机間指導をし，相づちを打ったり，理由を尋ねたりしているペアを見つけて称揚するとともに，全体に紹介する。また，評価のポイントを伝える。 【評価のポイント】 ◎友達と見たいスポーツややってみたいスポーツを伝え合っている。(ワークシート) ◎学習した表現を使いながら，自分の思いや考えを伝えようとしている。(行動観察) ・1回目は，様子を見ながら短時間で止める。 ●困ったことや言いたくても言えなかったことを共有する。

	○中間評価	使えそうな表現はないか考えさせたり，既習事項が使えるように教師が日本語で言い換えたりしながら，使える英語を増やせるようにする。
	○インタビューをする（2回目）	・2回目は中間評価を生かすよう伝え，1回目よりも長い時間を取る。 ・教師はボイスレコーダーを持って子どもにインタビューをし，それを録音して後の評価に用いることもできる。ただし，全員にするのは時間的に難しいので，ALTと分担をしたり，事前に録音をする子どもを決めておき，できなかった子どもを次時に意図的に指名するなど，工夫しながら，評価に加味していくことも考えられる。
5分	○振り返りをする。 ○終わりの挨拶をする。	・インタビューについてのコメントをする。 ・学習した表現を使えたかどうかや自分自身の伸びなど，振り返りの視点を与える。

6 評価規準例（第6時）

①A・B・Cの状況

A　十分満足できる	B　おおむね満足できる	C　努力を要する
◎見たいスポーツややってみたいスポーツ，その理由などを正しく尋ねたり答えたりしている。	◎見たいスポーツやしたいスポーツを尋ねたり答えたりしている。	◎話を聞いていなかったり，日本語を多用したりしている。
◎相手の話す内容を捉えながら，その場で新たな質問をいくつか考えて，会話を続けようとしている。	◎相手の答える内容を捉えながら，自分の考えを伝えようとしている。	◎インタビューをしようとしていない。

②どの子どももBの評価以上にするための手立て

　ウォーミングアップ時にチャンツや簡単なゲーム，スモールトークなどを行い，既習事項を思い出す機会を単元を通して多く持ちたい。

　本時では，身近な先生のインタビュー映像を見ながら，使用表現を思い出せるようにしている。使用場面と表現を関連付け，実際のインタビューに生かしやすくするとともに，場面に入り込みながらくり返し発話することができるようにする。

③Cの子どもの状況への支援の具体例

　特に，支援が必要な子どもに対しては，ペアでのインタビュー活動の際に個別指導をし，発音を何度も聞かせたり，一緒に言ったりすることで少しずつ英語の音に慣れさせる。活動への意欲が持てない子どもに対しては，ポイント制にしたり，ラッキーパーソンを決めたりするなどゲーム的な要素も取り入れる。どちらの場合も，上達したところや良い態度を捉え，十分に称揚することで自信を持てるようにする。

▊7▊評価テスト

①インタビューワークシート

Sports／Name	好きな（見たい）スポーツ	やってみたいスポーツ	その他　分かったこと 見たい理由や好きな選手など，今までに学習した表現を使って尋ねてみよう！
自分			

⇩

②6年○組　人気スポーツランキング予想

好きな（見たい）スポーツ（第1位）	やってみたいスポーツ（第1位）

7 Unit7 「聞くこと」「話すこと[発表]」「書くこと」の評価事例

単元名 This is my town. 町紹介

時 間 数 全7時間

言語材料 We have / don't have .... We can see [eat / enjoy] .... I want ... in our town. This is .... It's famous for .... It's .... I usually eat ....

関連教材 「Open the Door 2　地域のことを紹介しよう」（5年）（東京書籍）

「This is my town.　自分の町にあるものやそこでできることを紹介することができる。」（光村図書）

「I love my town.　『自分の町しょうかい』をしよう。」（5年）（開隆堂）

「My town is beautiful.　おすすめの場所」（教育出版）

「I want a big park in our town.　自分たちの町・地域」（啓林館）

「We have a big park.　自分たちの町，地域」（学校図書）

■1 単元の概要と授業づくりのポイント

①単元の概要

　自分の町や地域について紹介する単元である。ここまで子どもは生活科や社会科，総合的な学習の時間等で自分の住む町や地域について学習してきた。そこで習得した知識をもとに，自分の町にあるものや無いもの，名物（食べ物，行事，観光地等）についてのポスターを作成したり，そのポスターを使って外国の人（ALTや地域に住む外国の人）に自分の町について紹介したりする活動を行う。

②授業づくりのポイント

　この単元では，町を紹介するためのポスターを作成する活動があるので，「書くこと」を取り入れる。しかし，最終目標とするのは町紹介のスピーチなので，「聞くこと」「話すこと［発表］」と「思考・判断・表現」を中心に授業を組み立てていく。

■2 単元の目標

(1)町にあるものや無いもの，名物を紹介する表現を理解して，町について聞き取ったり伝えたりすることができる。

(2)町にあるものや無いもの，名物を紹介するポスターを作成し，それを提示しながら自分の町について紹介することができる。

(3)相手によく伝わるように工夫しながら，自分の町について紹介をしようとする。

❸単元の評価規準

	知識・技能	思考・判断・表現	主体的に学習に取り組む態度
聞くこと	〈知識〉 　町にあるものや無いもの，名物を紹介する表現を理解している。 〈技能〉 　町にあるものや無いもの，名物を聞き取る技能を身に付けている。	町紹介を聞いて，内容を捉えている。	他の町や地域のことを知るために，積極的に町紹介を聞こうとしている。
話すこと［発表］	〈知識〉 　町紹介の表現や仕方について理解している。 〈技能〉 　町紹介をする技能を身に付けている。	町にあるものや無いもの，名物について紹介する表現を用いて，話している。	相手に町のことがよく伝わるように工夫して，発表しようとしている。
書くこと	〈知識〉 　町にあるものや無いもの，名物を紹介する表現を理解している。 〈技能〉 　町にあるものや無いもの，名物を，例文を参考に書く技能を身に付けている。	例文を参考に，自分の町にあるものや無いもの，名物について書いている。	例文を参考に，自分の町にあるものや無いもの，名物について書こうとしている。

❹単元の指導と評価の計画（全7時間）

時	学習活動と指導のポイント（○）	評価規準（【　】）　評価方法（（　））
1	①教師の町紹介（スモールトーク）を聞き，単元のテーマを理解する。 ②さまざまな町の紹介を，絵や写真，映像を見ながら聞き取ってみる。 ○教師自身が評価Aとなるポスターと発表を示すようにする。	【思】絵や写真，映像などを参考に，町について聞き取っている。（聞き取りメモ） 【態】さまざまな町の紹介を，積極的に見聞きしようとしている。（振り返りシート）
2	①リスニング問題で，町にあるものを聞き取る。 ②町にあるものを伝え合ったり，例文を参考に書いたりする。	【技】町にあるものを，聞き取ったり伝え合ったりする技能を身に付けている。（教科書，ワークシート） 【知】町にあるものを紹介する表現や伝

	○ポスター作成に向けて，1時間に1，2文程度ずつ書き溜めさせておく。	え方を理解している。（振り返りシート）
3	①リスニング問題で，名物を聞き取る。 ②名物について伝え合ったり，例文を参考に書いたりする。 ○事前に自分の町の名物を調べさせておく。	【技】名物について聞き取ったり伝え合ったりする技能を身に付けている。また，例文を参考に書く技能を身に付けている。（教科書，ワークシート） 【知】名物について紹介する表現や伝え方を理解している。（振り返りシート）
4	①教師の，町に無いものでこれから欲しいものの話（スモールトーク）を聞く。 ②さまざまな友達と，町に欲しいものについて伝え合う。 ○既習の I want …. を使うことができることを確認する。	【態】自分の町をより良くするために，どのようなものが欲しいかを積極的に考えている。（振り返りシート） 【思】例文を参考に，町に欲しいものを書いている。（ワークシート）
5	①教師のポスターを見て，ポスターの大まかな構成を知る。 ②自分の町を紹介するポスターを作成して，発表原稿を考える。 ○書き溜めてきた英文を参考に，ポスターに書き写させる。 ○ポスターに使う写真や絵については，事前に準備させておく。	【思】例文を参考に，町にあるものや無いもの，名物を紹介する文を書いている。（ポスター） 【態】見る人が分かりやすいポスターになるように，的確な絵や写真を選んだり，丁寧に紹介文を書いたりしようとしている。（ポスター）
6	①再度，教師のモデルを見聞きして，自分のポスターと発表原稿を再考する。 ②作成したポスターを用いて，ペアで模擬発表会をする。 ○紹介の仕方が分からない部分は，適宜教える。	【思】ポスターと発表原稿をより良いものにしている。（ポスター，ワークシート） 【態】相手によく伝わるように発表しようとしている。（行動観察，振り返りシート）
7 （本時）	①全体の前で町紹介をする。 ②聞く側は，発表内容について内容確認ワークシートに書く。 ○個々の発表は必ずビデオに撮り，後の評価に活用する。	【思】自分の町にあるものや無いもの，名物について発表している。（発表） 【思】町紹介について，内容を捉えている。（内容確認ワークシート）

⑤本時の指導と評価の実際

①単元 「This is my town. 町紹介」（7／7時間）

②目標

　　・自分の町にあるものや無いもの，名物について発表することができる。

　　・町紹介について，内容を捉えている。

③準備物　ビデオカメラ，教材提示装置，内容確認ワークシート（聞く側），振り返りシート

	児童の活動（○）	指導者の活動（・）　評価（方法）（◎）　指導のポイント（●）
3分	○挨拶をする。 ○教師のモデルを聞く。 ○今日の目標を確認する。	・全体に挨拶をした後，ペアで今日のこと（日付，曜日，天気，状態など）について話し合わせる。 ●発表のモデルを教師が見せることで，スピーチの大筋を再確認する。（A評価の発表をする。） 自分の町について紹介しよう。
2分	○発表の注意事項を確認する。	・発表の仕方，順番を説明する。同時に評価のポイントを伝える。 【評価のポイント】 ◎自分の町にあるものや無いもの，名物について発表している。**（発表）** ◎発表者の町紹介の内容を捉えている。（あるもの，名物，できること，無くて欲しいもの等）**（ワークシート）** ・発表内容を確認するワークシートを配布する。
30分	○順番に発表する。 ○聞く側は，聞いた内容をワークシートに簡潔に書く。	●ポスターや既習表現を効果的に使うと良いことを想起させるために，随所で良い発表を称揚する。 ・発表をするにあたり，配慮が必要な子どもには，教師が傍に付いて，円滑に発表ができるように支援する。 ・ポスターの絵や写真が小さくてクラス全体では見えにくくなることを想定して，教材提示装置（書画カメラ）を使って拡大して提示できるようにしておく。 ●クラスの規模によって，発表についてのコメントを一人ずつする。（発表の良かった点，工夫していた点等） ・発表をビデオで録画する。
5分	○スピーチの内容を確認する。	・ワークシートに書いたスピーチの内容を確認する。 ●単元の内容から，紹介する町にあるものについて同じこ

		とを話す子どもが多くいることが想定される。その際は，「みんなが紹介したくなるほど有名で人気なものである」と話し，自分たちの地域の良さを再確認する。
5分	○振り返りをする。 ○終わりの挨拶をする。	・発表についてのコメントをする。 ・本単元の振り返りを，振り返りシートに書かせる。

6 評価規準例（第7時）

①Ａ・Ｂ・Ｃの状況

Ａ　十分満足できる	Ｂ　おおむね満足できる	Ｃ　努力を要する
◎ポスターを効果的に用いたり，既習表現を使ったりしながら，自分の町について紹介している。	◎自分の町にある物や名物，町に欲しいものを紹介している。	◎発表を途中で終えたり，日本語で話したりして，英語で発表していない。
◎クラスの９割以上の友達の発表の内容を正しく（町にあるもの，名物，町に欲しいもの等三つ以上）捉えている。	◎クラスの６割以上の友達の発表の内容（町にあるもの，名物，町に無いもの等二つ以上）を捉えている。	◎発表の内容を捉えることができない。

②どの子どももＢ以上の評価にするための手立て

　本単元のテーマは，その特性が故に内容が多岐に渡る可能性があるので，さまざまな表現を使うことができる。しかし，子どもにとっては使うことのできる表現が多すぎて，どれを使えば良いのか分からなくなる。そこで，最低限発表すべき内容を絞っておくことで混乱を避けるようにしたい。例えば，「町にあるもの，名物，町に欲しいもの」の三つに絞ることが考えられる。クラスの実態や教科書に応じて，発表するべき内容を増やしたり，減らしたりすることもできる。

③Ｃの子どもの状況への支援の具体例

　特に支援が必要な子どもに対しては，発表の準備をするときから授業支援者（ALT等）と協力して個別指導を行う。場合によっては，原稿を一緒に作成し，その内容を何度も聞かせて真似をさせることによって，発表できるようにさせたい。カタカナのルビを読んで発表をさせるべきではないので，くり返し音に触れる機会を増やしていくことが肝要である。以上のことを担任のみならず友達の子どもにさせることも考えられる。

7 評価テスト（パフォーマンステスト）

①発表（原稿作成）ワークシート（□の部分は自分の町のことを書く。）

　※子どもの実態に応じて，発表で使う表現は取捨選択する。

【発表で使う表現】

Hello.

This is my town.

We have a 町にあるもの .

This is 町の名所 . { It's famous for そこの名物 .

　　　　　　　　　　　{ We can そこでできること . (see, eat, enjoy...)

{ We don't have a 町に無いもの .

{ I want 無いから欲しいもの in our town.

Thank you.

> 名所の説明として使う表現

【発表で使えそうな表現】

I like ....　　I don't like ....　　Do you like ...?　　It's ....

I ate ....　　It was ....　　I usually eat ....

Do you want ...?

---

②聞き取り用ワークシート

No.	Name	スピーチの内容（町にあるもの，名物，町に欲しいものなど）
1	Kamei Takahiro	
2	Kiyama Yui	
3	Kimura Emi	
4	Tanabe Naoto	

8 Unit8 「聞くこと」「話すこと[発表]」「書くこと」の評価事例

単元名　My Best Memory　小学校の思い出

時間数　全7時間

言語材料　What's your best memory?　My best memory is ....　We went to [saw / ate / enjoyed / played / sang] ....　It was ....

関連教材　「My Best Memory　小学校の思い出のアルバムを紹介し合おう。」（東京書籍）

　　　　　　「My Best Memory　小学校生活の思い出に残る行事を発表することができる。」（光村図書）

　　　　　　「My Favorite Memory　思い出を絵本にしよう。」（開隆堂）

　　　　　　「My Best Memory　小学校の思い出」（教育出版）

　　　　　　「My best memory is ....　最高の思い出は…［思い出紹介］」（三省堂）

　　　　　　「I enjoyed school.　小学校の思い出」（啓林館）

　　　　　　「What's your best memory?　小学校の思い出」（学校図書）

■1 単元の概要と授業づくりのポイント

①単元の概要

　子どもが小学校生活を振り返る機会となる単元である。思い出を表現するので，本単元では過去形を取り扱う。小学校の思い出について，文章の付いたアルバムを作成したり，そのアルバムを用いて自分が最も印象に残った思い出について紹介したりする。それぞれが作ったアルバムを一冊にして，「卒業文集」にすることも考えられる。

②授業づくりのポイント

　本単元では，文章の付いたアルバムを作成するために「書くこと」も取り入れる。作ったアルバムは「卒業文集」に入れることも考えられるため，丁寧に正しく書くことも大切である。ただし，思い出を発表する活動があるので，「書くこと」ばかりを重視せずに，「聞くこと」「話すこと［発表]」も取り入れる。

■2 単元の目標

(1)思い出を紹介する表現を理解して聞き取ったり伝えたりできるとともに，例文を参考に思い出について書くことができる。

(2)文章の付いた思い出のアルバムを作成して，それを提示しながら，自分が最も印象に残った思い出について紹介することができる。

(3)相手によく伝わるように工夫して思い出について紹介したりしようとする。

❸単元の評価規準

	知識・技能	思考・判断・表現	主体的に学習に取り組む態度
聞くこと	〈知識〉 　思い出について紹介する表現を理解している。 〈技能〉 　思い出についての紹介を聞き取る技能を身に付けている。	思い出についての紹介を聞いて，内容を捉えている。	自分と友達との思い出の共通点を見つけたり，小学校生活を振り返ったりするために，積極的に思い出の紹介を聞き取ろうとしている。
話すこと[発表]	〈知識〉 　思い出について紹介する表現や方法を理解している。 〈技能〉 　思い出について紹介をする技能を身に付けている。	思い出について紹介する表現を用いて，自分の一番の思い出について話している。	相手によく伝わるように工夫しながら，自分の一番の思い出について発表しようとしている。
書くこと	〈知識〉 　思い出についての紹介文に用いる語句や表現を理解している。 〈技能〉 　思い出についての紹介文を，例文を参考に書く技能を身に付けている。	例文を参考に，自分の一番の思い出についての紹介文を書いている。	見る人に内容がよく伝わるように，丁寧に思い出についての紹介文を書こうとしている。

❹単元の指導と評価の計画（全7時間）

時	学習活動と指導のポイント（○）	評価規準（【　】）　評価方法（（　））
1	①教師の小学校の思い出（スモールトーク）を聞き，単元のテーマを理解する。 ②学校の行事の言い方を確認して，小学校生活の思い出について聞き取る。 ○教師自身が評価Aとなる発表をすることで，手本を示すようにする。	【技】絵や写真，映像等を参考に，思い出について聞き取る技能を身に付けている。（聞き取りメモ） 【態】さまざまな人の小学校生活の思い出について，積極的に聞こうとしている。（振り返りシート）
2	①どの行事が一番の思い出かを聞き取る。 ②一番の思い出を尋ね合ったり，例文を参考に書いたりする。	【知】一番の思い出を尋ねたり伝えたりする表現を，理解している。（行動観察） 【技】友達の一番の思い出を聞き取り，

	○思い出のアルバムを作成するために，1時間に1，2文程度ずつ書き溜めさせる。	その行事を書いたり，例文を参考に自分の一番の思い出を書いたりする技能を身に付けている。(教科書，ワークシート)
3	①行った場所やしたことを聞き取る。 ②行った場所やしたことについて伝え合ったり，例文を参考に書いたりする。 ○行事や場所など固有の名前は，最初のアルファベットが大文字になることを確認する。	【知】行った場所やしたことを紹介する表現を理解している。(行動観察) 【技】行った場所やしたことを伝えたり，例文を参考に書いたりする技能を身に付けている。(ワークシート)
4	①思い出の中で楽しんだことや感想について聞き取る。 ②思い出の中で楽しんだことや感想について伝え合ったり，例文を参考に書いたりする。 ○楽しんだことや感想を表現する例を提示できるように準備する。分からない表現は適宜教える。	【技】思い出の中で楽しんだことや感想を聞き取ったり，伝えたりする技能を身に付けている。(ワークシート) 【思】自分の伝えたいことを選んで，楽しんだことや感想について話したり，例文を参考に書いたりしている。(行動観察，ワークシート)
5	①教師が作成したアルバムを確認する。 ②思い出のアルバムの清書を作成して，発表する内容を考える。 ○書き溜めたものを，清書の際に正確に書き写すことができるように支援する。 ○書いた文を指でなぞりながら声を出して読ませる。読めない部分は適宜教える。	【態】見る人に内容がよく伝わるように，丁寧に思い出についての紹介文を書こうとしている。(アルバム) 【思】例文を参考に，自分の一番の思い出についての紹介文を書いている。(アルバム)
6	①再度，教師のモデルスピーチを聞き，自分の発表を再考する。 ②作成したアルバムを用いて，ペアで模擬発表会をする。 ○相手によく伝わるように発表するための工夫を想起させる。	【思】アルバムと発表をより良いものにしている。(アルバム，行動観察) 【態】相手によく伝わるように，声の大きさや話すスピード，写真や絵の示し方を工夫しようとしている。(行動観察，振り返りシート)
7 (本時)	①全体の前で自分の一番の思い出について詳しく発表する。 ②聞く側は，発表内容をワークシートに簡潔に書く。 ○個々の発表はビデオで撮り，後の評価に活用する。	【思】作ったアルバムを示しながら，自分の一番の思い出について発表している。(発表) 【思】それぞれの友達の一番の思い出についての発表を聞き取り，内容を捉えている。(内容確認ワークシート)

5 本時の指導と評価の実際

①単元 「My Best Memory　小学校の思い出」（7／7時間）

②目標

　・自分の一番の思い出について，アルバムを示しながら詳しく発表できる。

　・友達の一番の思い出を聞き取り，内容を捉えることができる。

③準備物　ビデオカメラ，教材提示装置（書画カメラ），内容確認ワークシート（聞く側），振り返りシート

	児童の活動（○）	指導者の活動（・）　評価（方法）（◎）　指導のポイント（●）
3分	○挨拶をする。 ○教師のモデルを聞く。 ○今日の目標を確認する。	・全体に挨拶をした後，ペアで今日のこと（日付，曜日，天気，状態など）について話す。 ●発表のモデルを教師が見せることで，スピーチの大筋を再確認する。（A評価の発表をする。） 　小学校生活一番の思い出を発表し合おう。
2分	○発表の注意事項を確認する。	・発表の仕方，順番を説明する。同時に評価ポイントを伝える。 【評価のポイント】 ◎自分の一番の思い出について，アルバムを示しながら詳しく発表している。（**行動観察**） ◎友達の一番の思い出を聞き取り，内容を捉えている。 （**ワークシート**） ・発表内容を確認するワークシートを配布する。
30分	○順番に発表する。 ○聞く側は，聞いた内容をワークシートに簡潔に書く。	●今まで学習してきた，相手によく伝わるようにするための工夫を想起させるために，良い発表を随所で称揚する。 ・発表をするにあたり，配慮が必要な子どもには，教師が傍に付いて，円滑に発表ができるように支援する。 ・小学校生活を想起しながら発表を聞くように伝え，クラスみんなで思い出を共有できるようにする。 ●クラスの規模によって，発表についてのコメントを一人ずつ発表する。（発表の良かった点，工夫していた点等）・発表をビデオで録画する。
5分	○スピーチの内容を確認する。	・ワークシートに書いたスピーチの内容を確認する。

5分	○振り返りをする。 ○終わりの挨拶をする。	・発表についてのコメントをする。 ・本単元の振り返りを，振り返りシートに書かせる。

⑥評価規準例（第7時）

①Ａ・Ｂ・Ｃの状況

Ａ　十分満足できる	Ｂ　おおむね満足できる	Ｃ　努力を要する
◎既習表現を効果的に使いながら，自分の一番の思い出について詳しく発表している。	◎自分の一番の思い出について，行った場所やしたこと，楽しんだことや感想などを紹介しながら，発表している。	◎発表を途中で終えたり，日本語で話したりして，英語で発表していない。
◎クラスの９割以上の子どもの一番の思い出についての発表を聞き取り，内容を詳しく（一人３項目以上）捉えている。	◎クラスの６割以上の子どもの一番の思い出についての発表を聞き取り，内容（一人２項目程度）を捉えている。	◎発表の内容を捉えることができない。

②どの子どももＢ以上の評価にするための手立て

　思い出を紹介するための過去形については，「夏休みの思い出」で取り扱った程度であることから，習熟度が低いことが考えられる。そこで，教師やＡＬＴの思い出や，教科書の思い出紹介をくり返し聞いたり，真似をしたりする活動を多く入れて進めていく。また，ウォーミングアップでは，過去のこと（昨日食べたもの，休みに行った場所やしたこと等）を積極的に取り扱うようにして，思い出を話す表現の定着を図るようにする。

③Ｃの子どもの状況への支援の具体例

　特に，支援が必要な子どもに対しては，アルバムを作成するときから授業支援者（ＡＬＴ等）と協力して個別指導を行う。その際には，子どもの発表する内容をくり返し読んで聞かせたり，真似をさせたりすることで，円滑に発表できるようにしたい。また，発表中にも必要に応じて支援することで，全員が発表できるようにする。加えて，クラス内の友達などとペアやグループを作らせ，支援させることも考えられる。

７ 評価テスト（パフォーマンステスト）

①アルバム作成用ワークシート（□の部分を自分のことに書き換える。）

【一番の思い出】

思い出の写真や絵を貼り付ける。

My best memory is 一番の思い出 .
We 行った場所や行ったこと .
　　　　　　　　　　　[went to / saw / ate / enjoyed / played / sang]
I enjoyed 楽しんだこと . ← 両方，もしくはどちらかを書く。
It was 感想 .

【アルバムで使えそうな語彙や表現】

楽しんだこと：talking with my friends / shopping / playing with my friend / singing / dancing / running / swimming / camping
どうだったか：fun / good / delicious / nice / beautiful / big / small

---

②聞き取り用ワークシート

No.	Name	スピーチの内容 （一番の思い出，行った場所やしたこと，楽しんだこと・感想）
1	Okano Saya	
2	Sasaki Jun	
3	Morikawa Izumi	
4	Kitano Azusa	

9 Unit9 「読むこと」「話すこと[発表]」「書くこと」の評価事例

単元名　I have a dream.　将来の夢

時 間 数　全7時間

言語材料　What do you want to be ….　I want to be ….

　　　　　Why? I like ….　I want to ….　I can ….　I'm good at ….

関連教材　「My Future, My Dream　夢宣言カードでスピーチをしよう。」（東京書籍）

　　　　　「What do you want to be?　なりたい職業とその理由を言って，将来の夢を発表することができる。」（光村図書）

　　　　　「I have a dream.　将来の夢をしょうかいしよう。」（開隆堂）

　　　　　「What do you want to be?　将来の夢」（教育出版）

　　　　　「I want to be a vet.　なりたいものは，何？［つきたい職業］」（三省堂）

　　　　　「I want to be a vet.　将来の夢・職業」（啓林館）

　　　　　「What do you want to be?　将来の夢」（学校図書）

■1 単元の概要と授業づくりのポイント

①単元の概要

　単元を通してなりたい職業やその理由をくり返し話す。音声で十分に慣れ親しんだ語彙やこれまでに学習してきた基本的な表現を使って，なりたい職業とその理由を言って，将来の夢をグループの中でスピーチする。スピーチした内容を清書し，清書された英文を読んで，書き手のなりたい職業とその理由を理解し，書き手を見つける。

②授業づくりのポイント

　五つの領域の中でも，この単元では，「読むこと」「話すこと［発表］」を中心に授業を組み立て，加えて，自分の将来の夢を「書くこと」も取り入れる。その中でも，「読むこと」と「思考・判断・表現」の面を中心に評価していく。

■2 単元の目標

(1)なりたい職業とその理由を伝える表現を理解し，将来の夢を発表したり書いたり読み取ったりすることができる。

(2)なりたい職業とその理由を発表したり書いたりして将来の夢を伝えることができる。また，将来の夢について書かれた英文を読み，書き手の夢とその理由とを読み取ることができる。

(3)将来の夢をグループの中で積極的に発表したり英語で書いたりしようとする。また，書かれた英文を読んで，書き手のなりたい職業とその理由を理解しようとする。

3 単元の評価規準

	知識・技能	思考・判断・表現	主体的に学習に取り組む態度
読むこと	〈知識〉 　職業を表す語句やなりたい職業や理由を伝える基本的な表現を理解している。 〈技能〉 　なりたい職業とその理由について読む技能を身に付けている。	書き手のなりたい職業とその理由を知るために，書かれた英文を読んで，意味が分かっている。	書き手のなりたい職業とその理由を知るために，書かれた英文の内容の意味を分かろうとしている。
話すこと［発表］	〈知識〉 　職業を表す語句やなりたい理由を表す表現を理解している。 〈技能〉 　なりたい職業と理由を発表する技能を身に付けている。	なりたい職業とその理由について，聞き手に伝わるように，基本的な語句や表現を用いて，発表している。	なりたい職業とその理由について，聞き手に伝わるように配慮して，発表しようとしている。
書くこと	〈知識〉 　なりたい職業を表す語句とその理由を表す表現を理解している。 〈技能〉 　なりたい職業を表す語句やその理由を書き写す技能を身に付けている。	学習した語句や表現を用いて，読み手に伝わるように，なりたい職業とその理由を書いている。	学習した語句や表現を用いて，読み手に伝わるように，なりたい職業とその理由を書こうとしている。

4 単元の指導と評価の計画（全7時間）

時	学習活動と指導のポイント（○）	評価規準（【 】）　評価方法（（ ））
1	①将来の夢についてのモデルスピーチを聞き，単元のテーマを理解する。 ②ポインティングゲームやキーワードゲームなどをして，職業の言い方を理解する。 ○子どもが，自分のこととして将来の夢について考えられるようにする。	【知】さまざまな職業の言い方について理解している。（行動観察） 【態】さまざまな職業の言い方に関心を持ち，積極的に言ったり，聞いたりしようとしている。（行動観察）

2	①リスニングクイズで，なりたい職業を聞き取る。 ②ルーレットゲームや単語探しパズルを通して，職業を表す語句やなりたい職業を尋ねたり，答えたりする表現に慣れ親しむ。 ○ What do you want to be? / I want to be .... の表現に十分に慣れ親しませる。	【知】What do you want to be? / I want to be .... の表現を理解している。（行動観察） 【態】単語探しパズルの中から職業を表す単語を見つけ出そうとしている。（行動観察，教科書）
3	①ジェスチャークイズをして，ペアでなりたい職業を尋ねたり，答えたりする。 ②自分のなりたい職業を4線上に書く。 ○子どもが知らない職業を表す単語は，適宜教える。	【技】学習した表現を使って，なりたい職業について友達と伝え合う技能を身に付けている。（行動観察）
4	①リスニングクイズで，なりたい職業とその理由を聞き取る。 ②職業当てカルタで，さまざまな理由の言い方を理解する。 ○ I like .... / I can .... / I'm good at .... などの表現が活用できることに気付かせる。	【技】なりたい職業とその理由について話を聞いて，内容を捉える技能を身に付けている。（教科書，行動観察） 【知】既習表現を思い出して，その職業になりたい理由の言い方を理解している。（行動観察）
5	①職業当てスリーヒントクイズをして，なりたい理由の言い方を確認する。 ②グループで自分のなりたい職業とその理由を伝え合う。 ③自分がなりたい理由を4線上に書く。 ○世界のさまざまな職業に就いている人のスピーチを聞き，職業についての考えが広がるようにする。	【思】学習した表現を使って，自分のなりたい職業とその理由について友達と伝え合っている。（行動観察）
6	①自分の将来の夢について発表する。 ②自分の将来の夢について発表した内容を4線上に書く。 ○モデルスピーチを聞かせ，スピーチの仕方を理解させてから取り組ませる。 ○第7時で自分のスピーチ文を友達が読むことを伝え，相手意識を持たせて書かせる。 ○「話す［発表］」活動→「書く」活動への	【思】学習した表現を使って，自分の将来の夢について発表している。（発表） 【態】他者に配慮して，自分の将来の夢について発表したり，友達の発表を関心を持って聞いたりしようとしている。（行動観察，ワークシート）

		流れを大切にする。	
7 （本時）	①ランダムに配られた友達のスピーチ文を読み，書かれた内容を読んで，誰のスピーチ文かを考える。 ②友達の将来の夢についてのスピーチ文を読み，評価用ワークシートに記入する。 ○中間指導の場面で，子どもの困った点をクラス全体で共有し，くり返し活動させる。	【思】将来の夢についてのスピーチ文を読んで，書いてある内容を理解している。 （評価用ワークシート）

5 本時の指導と評価の実際

①単元　「I have a dream.　将来の夢」（7／7時間）

②目標
　・将来の夢について書かれたスピーチ文の内容を推測しながら読んで，内容を理解することができる。

③準備物　スピーチ文，評価用ワークシート

	児童の活動（○）	指導者の活動（・）　評価（方法）（◎）　指導のポイント（●）
5分	○挨拶をする。 ○今日の目標を確認する。	・全体に挨拶し，日・曜日・天候について確認する。 ●活動の流れを知らせ，授業の見通しを持たせる。 スピーチ文を読んで，その内容から誰のスピーチ文かを当てよう。
5分	○モデルスピーチの原稿文を指追いして読む。	・前時で聞かせたモデルスピーチの原稿文を配り，スピーチ文の文字を指追いさせながら，発表を聞かせる。 ・次に，指追いさせながら，声に出して読ませる。 ・全体で，スピーチの内容を確認する。
30分	○友達のスピーチ文を読み，書かれた内容を読んで，誰のスピーチ文かを予想する。 ○分かったことを評価用ワークシートに記入する。 ○予想した友達に質問をして，当たったら応援メッ	・友達のスピーチ文をランダムに配る。 ・評価用ワークシートを配る。（時間があれば数人分） ・ワークシートの記入の仕方について説明する。 ・デモを見せて，活動内容を理解させる。 ・応援メッセージ You can do it! / Do your best! / Good luck! などの表現練習をさせる。 ・一度活動を終えたらスピーチ文を配り直し，くり返し活動させる。

		●スピーチ文を読んで，前時の発表をもとに誰のスピーチ文かを予想させてから活動に取り組ませる。 【評価のポイント】 ◎学習したことや前時の友達の発表をもとに，スピーチ文を読み，意味を読み取っている。（評価用ワークシート）
5分	○振り返りをする。 ○終わりの挨拶をする。	・ペアで振り返りをさせ，数名に発表させる。 ・今日の活動の様子についてコメントをする。

6 評価規準例（第7時）

①A・B・Cの状況

A　十分満足できる	B　おおむね満足できる	C　努力を要する
◎なりたい職業とその理由について詳しく読み取っている。 （正しい職業に○を書き，英文を読んで分かったことを2文以上で正しい内容を書いている。）	◎なりたい職業を読み取っている。 （正しい職業に○を書き，英文を読んで分かったことを1文で書いている。）	◎なりたい職業もその理由も読み取れていない。 （無回答及び職業を誤答している。）

②どの子どももB以上の評価にするための手立て

　本単元では読むことを中心に評価を行う。そこで，意味を考えながら，音声と文字を一致させて自然と読めるようにするために，音声で慣れ親しんだ英文を指追いさせて教師の発音を聞かせたり，自分で声に出して読んだりさせる学習活動を本単元の中でくり返し行う。なお，その際には，校内の先生や卒業生が作成したスピーチ文を扱うことで，子どもが興味を持って読めるようにする。

③Cの子どもの状況への支援の具体例

　特に，支援が必要な子どもに対しては，くり返し単語や文を指追いさせながら，教師の発音と意味を聞かせたり，教師の発音に合わせて自分で声に出して読んだりさせることで文字・単語と音声そして意味を一致させる。また，可能であれば何度もくり返し行うことで，できるようにさせる。子どもが分かった単語や表現を言わせてみて，その都度，子どもを褒めて，意欲を継続させていくことも大切である。

７評価テスト（パフォーマンステスト）
①スピーチ文ワークシート

My Dream
I want to be ＝＝＝＝＝＝＝＝＝＝＝＝＝ .
I ＝＝＝＝＝＝＝＝＝＝＝＝＝＝＝ .
I ＝＝＝＝＝＝＝＝＝＝＝＝＝＝＝ .

なりたい職業
　理由①
　理由②

なりたい職業
a dentist, a vet, a musician, an artist, a performer, a baker, a farmer, a (soccer) player

理由
I like .... / I can .... /I want to .... /I'm good at ....

②評価用ワークシート

①将来の夢を書いた人は誰でしょう。

　　名前＿＿＿＿＿＿＿＿さん

②なりたい職業を日本語で書きましょう。

＿＿＿＿＿＿＿＿＿＿＿＿＿＿＿＿＿

③英文を読んで分かったことを書きましょう。

＿＿＿＿＿＿＿＿＿＿＿＿＿＿＿＿＿

＿＿＿＿＿＿＿＿＿＿＿＿＿＿＿＿＿

④応援メッセージ

＿＿＿＿＿＿＿＿＿＿＿＿＿＿＿＿＿

単元名　Junior High School Life　中学校でがんばりたいこと

時 間 数	全7時間
言語材料	What club do you want to join?　What event do you want to enjoy?　What subject do you want to study hard?　I want to ….　I like ….　I can ….　I'm good at ….　I want to be ….
関連教材	「My Future, My Dream　夢宣言カードでスピーチをしよう。」（東京書籍） 「Junior High School Life　中学校で入りたい部活動やしたいことを発表することができる。」（光村図書） 「Junior High School Life　中学校でしたいことを発表しよう。」（開隆堂） 「Junior High School Life　あこがれの中学校生活」（教育出版） 「I want to join the brass band.　中学校生活・部活動」（啓林館） 「What club do you want to join?　中学校に入ったら」（学校図書）

■1単元の概要と授業づくりのポイント

①単元の概要

　小学校の外国語最後の単元である。ここでは，3年生の外国語活動からさまざまな内容で慣れ親しんできた "What … do you …?" の表現を使って，中学校で入りたい部活動・楽しみな行事・がんばりたい教科について伝え合う。単元末では，中学校でがんばりたいことのスピーチ発表を行い，聞き手が既習表現を使って質問をすることで発表内容を深められるようにする。

②授業づくりのポイント

　この単元では，「話すこと［やり取り］」「話すこと［発表］」を中心に授業を組み立てる。友達の発表に対し，詳しく尋ね合うところに重点を置き，「思考・判断・表現」を中心に評価していく。また，自分のスピーチ原稿を「書くこと」も取り入れる。

　大切なのは教科書の内容だけでなく，子ども達に具体的な中学校生活をイメージさせることである。そのためには，中学校の教師の協力を得て，インタビュー等の映像を見せるのも1つである。

■2単元の目標

(1)中学校で入りたい部活動や楽しみな行事，がんばりたい教科を伝え合うことができる。

(2)相手の発表に対し，詳しく知ろうと尋ねたり共感したりできる。

(3)自分の発表で，良くできたところや改善したいところを見つけられるようにする。

3 単元の評価規準

	知識・技能	思考・判断・表現	主体的に学習に取り組む態度
聞くこと	〈知識〉 　部活動や行事，教科を表す語句について理解している。 〈技能〉 　中学校でがんばりたいことや，発表に対する質問を聞き取る技能を身に付けている。	自分のことと比べながら，相手が中学校でがんばりたい内容を捉えている。	自分のことと比べながら，相手の話を積極的に聞こうとしている。
話すこと ［やり取り］	〈知識〉 　部活動や行事，教科を表す語句や I want to .... の表現について理解している。 〈技能〉 　What ... do you ...? や Do you like ...? を用いて思いを伝え合う技能を身につけている。	相手の話に対して，もっと知ろうと質問したり，共感したりしている。	相手の話に対して，もっと知ろうと質問したり，共感したりしようとしている。
話すこと ［発表］	〈知識〉 　中学校でがんばりたいことの発表の仕方について理解している。 〈技能〉 　中学校でがんばりたいことを伝える技能を身に付けている。	中学校でがんばりたいことについて，これまでに学習した語彙を用いて話している。	聞き手に配慮しながら，伝わりやすいように発表しようとしている。 　自分の発表を振り返り，良かったところや改善したいところを見つけようとしている。
書くこと	〈知識〉 　部活動や行事，教科の語句を理解している。 〈技能〉 　部活動や行事，教科の語句を4線上に書く技能を身に付けている。	中学校でがんばりたいことを伝える語句や表現を選んで書き写したり，書いたりしている。	ふさわしい語句や表現を選んで，中学校でがんばりたいことを書こうとしている。

4単元の指導と評価の計画（全７時間）

時	学習活動と指導のポイント（○）	評価規準（【 】） 評価方法（（ ））
1	①中学校の部活動の言い方を知る。 ②教師の中学生時代（スモールトーク）を聞く。 ○日本語で，小中学校の違いを言わせる。	【知】スモールトークの内容を大まかに理解している。（ワークシート） 【態】小中学校の違いを見つけようとしている（行動観察）
2	①中学校で入りたい部活動を伝え合う。 ②入りたい部活動を４線上に書く。 ○人気の部活動ランキングを作る。	【技】登場人物が入りたい部活動を捉える技能を身に付けている。（教科書） 【態】積極的に聞いたり答えたりしようとしている。（行動観察）
3	①中学校で楽しみな行事を伝え合う。 ②楽しみな行事を４線上に書く。 ○中学校の教師のインタビュー映像を活用する。	【思】相手の答えに応じて相づちを打っている（行動観察） 【技】楽しみな行事を正しく書く技能を身に付けている。（ワークシート）
4	①中学校でがんばりたい教科を伝え合う。 ②がんばりたい教科を４線上に書く。 ○楽しみな教科ランキングを作る。	【思】相手に質問をしている。（行動観察） 【技】がんばりたい教科を正しく書く技能を身に付けている。（ワークシート）
5	①教師のモデルスピーチを聞き，発表に向けた準備をする。 ②スピーチ内容を４線上に書く。 ○既習の文を活用し作成させる。	【態】進んでスピーチを作っている。（行動観察） 【思】中学校でがんばりたいことの発表原稿を作成している。（ノート）
6	①作成した発表原稿を用いて，グループで模擬発表会をする。 ②自分の発表原稿を再考する。 ○グループごとに映像に撮る機器を準備し，確認しながら，発表内容や発表の仕方を高め合わせる。	【思】友達の発表にコメントをして，発表原稿をより良いものにしている。（ノート） 【態】グループで協力して，良い発表にしようとしている。（行動観察）
7 （本時）	①全体の前で「中学校でがんばりたいこと」のスピーチをする。 ②聞く側は，良かったところをワークシートに簡潔に書く。 ○個々の発表はビデオで撮り，振り返りの時間や後の評価に活用する。	【思】中学校でがんばりたいことについて，既習の語句や表現を用いて，発表している。（行動観察） 【思】友達の発表に対し，もっと詳しく知ろうとしたり，共感しようとしている。（行動観察）

5本時の指導と評価の実際

①単元　「Junior High School Life　中学校でがんばりたいこと」（7／7時間）

②目標
　・中学校でがんばりたい三つの項目（部活動，行事，教科）について，聞き手に配慮しなが
　　ら，伝えることができる。
　・進んで発表を聞き，詳しく知ろうとしている。

③準備物　ビデオカメラ，原稿ノート，振り返りシート

	児童の活動（○）	指導者の活動（・）　評価（方法）（◎）　指導のポイント（●）
5分	○挨拶をする。 ○今日の目標を確認する。	・日直主導で挨拶し，気持ち・天気・曜日・日付を確認する。 ●緊張をほぐすために，しっかりと声を出させる。 中学校でがんばりたいことを伝えたり，詳しく聞いたりしよう。
5分	○評価のポイントを確認する。 ○最終練習をする。	・発表の仕方，順番を説明する。前時から伝えていた評価のポイントを強調する。 【評価のポイント】 ◎中学校でがんばりたい三つの項目ついて，聞き手に配慮しながら伝えている。(行動観察) ◎進んで発表を聞き，相手のことを詳しく知ろうと質問したり，相づちを打ったりしている。(行動観察) ・最終練習をさせる。
30分	○順に発表する。 ○聞く側は，発表者に進んで相づちを打ったり，発表後に質問したりする。	・発表をビデオで録画する。 ●子ども達が精一杯の力を発揮できるように，進んで教師が共感の相づちを打ったり，笑顔で聞くなど温かい雰囲気づくりをする。 ●質問が出にくければ，前時に一緒に練習をした同じグループから出させる。
4分	○スピーチを振り返る	・目標の達成を自己評価する。 ・「褒め褒めタイム」として，友達の良かったところを紹介し，その子のスピーチ映像を再生する。
1分	○終わりの挨拶をする。	・以前のスピーチから成長が見られた部分を取り上げ，子ども達のがんばりを賞賛する。

⑥評価規準例（第7時）

①A・B・Cの状況

A　十分満足できる	B　おおむね満足できる	C　努力を要する
◎中学校でがんばりたい三つの項目（部活動，行事，教科）について，聞き手を意識しながら，相手に伝わるような声の大きさと目線で発表している。	◎中学校でがんばりたい三つの項目（部活動，行事，教科）について伝えている。	◎自力でスピーチをすることが難しく，一つずつ教師や友達のサポートを必要とする。
◎友達のスピーチをより詳しく知ろうと質問をしたりして，積極的に聞こうとしている。	◎友達のスピーチを聞こうとしている。	◎発表を聞いていない。

②どの子どももB以上の評価にするための手立て

　あらかじめ評価の観点を子ども達に示しておくことと，それに向けた自己調整をさせることの2点が大切である。まず，ゴール（めあて）は子どもと教師が共有しておかなければ，ふさわしい評価にはならない。

　また，前時に自分のスピーチ映像を録画して見ておくことで，観点のどの部分が達成できているのか，どの部分を改善すべきか，子ども自身で見つけることができる。前時のグループでの模擬発表の中でアドバイスし合っておくことで，個人の発表であっても安心感のある協力体制を作ることができる。

③Cの子どもの状況への支援の具体例

　特に支援が必要な子どもには，一問一答のインタビュー形式にすると負荷を軽減できる。2〜4時の授業で学習した表現 "What club do you want to join?" 等を，子ども達から質問をさせ，一つずつ答えさせることで，内容を伝えることができる。この際も，グループやクラスの仲間のあたたかい協力体制を生かし，「みんなで支え合ったらできた」という集団のありがたさや達成感を味わわせたい。

　また質問に答える場合に，I want to join the basketball team. などのように文で答えさせず，The basket ball team. と語句にとどめるなど，子どもの状況により求めるレベルも考慮する必要がある。

7 評価テスト（パフォーマンステスト）

①発表用ワークシート（モデルを示し，下線部を自分のことに書き換えさえる。）

【Example】

Hello.（全体から問いかけ　What do you want to do?）

I want to join the dance club.

I'm good at hip hop dancing.

I want to enjoy sports day.

I want to be a cheer leader.

I want to study English and math hard.

I like English but I don't like math.

What subject do you want to study hard?

Thank you.

---

②振り返りワークシート

Unit 10-7 Junior High School Life

（月　　　　　　　）（日　　　）
（曜日　　　　　　　　　）　Name

TODAY'S GOAL　今日の目標

Hop　（　　）聞き手に届く声の大きさでスピーチができた。
Step　（　　）目線を意識して、スピーチができた。
Jump　（　　）友達の発表にリアクションしたり、質問したりして聞けた。

目標の達成度を左の（　）の中に
◎○△で書きましょう。

友達のがんばりは、どうでしたか？
①聞き手に届く声の大きさ

②目線の意識

③友達の発表をしっかり聞けていた友だち

	Unit 10　単元の流れ	
1	部活動の言い方を知る	（　）
2	入りたい部活動を伝える	（　）
3	楽しみな行事を伝える	（　）
4	がんばりたい教科を伝える	（　）
5	中学校でがんばりたいことのスピーチづくり	（　）
6	グループ発表会、改良	（　）
⑦	スピーチ　全体発表	（　）

メモ

付録　まるごと早分かり！外国語の指導要録・評価関連資料

小学校，中学校，高等学校及び特別支援学校等における児童生徒の学習評価及び指導要録の改善等について（通知）（平成31年3月29日）

（抜粋）

4．学習評価の円滑な実施に向けた取組について

(1)各学校においては，教師の勤務負担軽減を図りながら学習評価の妥当性や信頼性が高められるよう，学校全体としての組織的かつ計画的な取組を行うことが重要であること。具体的には，例えば以下の取組が考えられること。

・評価規準や評価方法を事前に教師同士で検討し明確化することや評価に関する実践事例を蓄積し共有すること。

・評価結果の検討等を通じて評価に関する教師の力量の向上を図ること。

・教務主任や研究主任を中心として学年会や教科等部会等の校内組織を活用すること。

(2)学習評価については，日々の授業の中で児童生徒の学習状況を適宜把握して指導の改善に生かすことに重点を置くことが重要であること。したがって観点別学習状況の評価の記録に用いる評価については，毎回の授業ではなく原則として単元や題材など内容や時間のまとまりごとに，それぞれの実現状況を把握できる段階で行うなど，その場面を精選することが重要であること。

(3)観点別学習状況の評価になじまず個人内評価の対象となるものについては，児童生徒が学習したことの意義や価値を実感できるよう，日々の教育活動等の中で児童生徒に伝えることが重要であること。特に「学びに向かう力，人間性等」のうち「感性や思いやり」など児童生徒一人一人のよい点や可能性，進歩の状況などを積極的に評価し児童生徒に伝えることが重要であること。

(4)言語能力，情報活用能力や問題発見・解決能力など教科等横断的な視点で育成を目指すこととされた資質・能力は，各教科等における「知識・技能」，「思考・判断・表現」，「主体的に学習に取り組む態度」の評価に反映することとし，各教科等の学習の文脈の中で，これらの資質・能力が横断的に育成・発揮されることが重要であること。

(5)学習評価の方針を事前に児童生徒と共有する場面を必要に応じて設けることは，学習評価の妥当性や信頼性を高めるとともに，児童生徒自身に学習の見通しをもたせる上で重要であること。その際，児童生徒の発達の段階を踏まえ，適切な工夫が求められること。

(7)（前略）

・通知表に，学期ごとの学習評価の結果の記録に加え，年度末の評価結果を追記することとすること。

・通知表の文章記述の評価について，指導要録と同様に，学期ごとにではなく年間を通じた学

習状況をまとめて記載することとすること。

・指導要録の「指導に関する記録」の様式を，通知表と同様に学年ごとに記録する様式にすること。

〔別紙４〕各教科等・各学年等の評価の観点等及びその趣旨
（小学校及び特別支援学校小学部並びに中学校及び特別支援学校中学部）
１−１．小学校及び特別支援学校（視覚障害，聴覚障害，肢体不自由又は病弱）小学部並びに中学校及び特別支援学校（視覚障害，聴覚障害，肢体不自由又は病弱）中学部における各教科の学習の記録

外国語

(1)評価の観点及びその趣旨

〈小学校　外国語〉

観点	知識・技能	思考・判断・表現	主体的に学習に取り組む態度
趣旨	・外国語の音声や文字，語彙，表現，文構造，言語の働きなどについて，日本語と外国語との違いに気付き，これらの知識を理解している。 ・読むこと，書くことに慣れ親しんでいる。 ・外国語の音声や文字，語彙，表現，文構造，言語の働きなどの知識を，聞くこと，読むこと，話すこと，書くことによる実際のコミュニケーションにおいて活用できる基礎的な技能を身に付けている。	・コミュニケーションを行う目的や場面，状況などに応じて，身近で簡単な事柄について，聞いたり話したりして，自分の考えや気持ちなどを伝え合っている。 ・コミュニケーションを行う目的や場面，状況などに応じて，音声で十分慣れ親しんだ外国語の語彙や基本的な表現を推測しながら読んだり，語順を意識しながら書いたりして，自分の考えや気持ちなどを伝え合っている。	外国語の背景にある文化に対する理解を深め，他者に配慮しながら，主体的に外国語を用いてコミュニケーションを図ろうとしている。

小 学 校 児 童 指 導 要 録 （参 考 様 式）

様式1 （学籍に関する記録）

区分＼学年	1	2	3	4	5	6
学　級						
整理番号						

学 籍 の 記 録

児童	ふりがな		性別	入学・編入学等	年　月　日　第1学年　入学 第　学年編入学
	氏　名				
	生年月日	年　月　日生		転　入　学	年　月　日　第　学年転入学
	現住所				
保護者	ふりがな			転学・退学等	（　　　年　　月　　日） 年　　月　　日
	氏　名				
	現住所			卒　業	年　　月　　日
入学前の経歴				進　学　先	

学 校 名 及　　び 所 在 地 (分校名・所在地等)	

年　度	年度	年度	年度
区分＼学年	1	2	3
校長氏名印			
学級担任者 氏 名 印			

年　度	年度	年度	年度
区分＼学年	4	5	6
校長氏名印			
学級担任者 氏 名 印			

様式２（指導に関する記録）

児 童 氏 名	学 校 名	区分 学年	1	2	3	4	5	6
		学　　　級						
		整理番号						

各 教 科 の 学 習 の 記 録

教科	観点 / 学 年	1	2	3	4	5	6
国語	知識・技能						
	思考・判断・表現						
	主体的に学習に取り組む態度						
	評定						
社会	知識・技能						
	思考・判断・表現						
	主体的に学習に取り組む態度						
	評定						
算数	知識・技能						
	思考・判断・表現						
	主体的に学習に取り組む態度						
	評定						
理科	知識・技能						
	思考・判断・表現						
	主体的に学習に取り組む態度						
	評定						
生活	知識・技能						
	思考・判断・表現						
	主体的に学習に取り組む態度						
	評定						
音楽	知識・技能						
	思考・判断・表現						
	主体的に学習に取り組む態度						
	評定						
図画工作	知識・技能						
	思考・判断・表現						
	主体的に学習に取り組む態度						
	評定						
家庭	知識・技能						
	思考・判断・表現						
	主体的に学習に取り組む態度						
	評定						
体育	知識・技能						
	思考・判断・表現						
	主体的に学習に取り組む態度						
	評定						
外国語	知識・技能						
	思考・判断・表現						
	主体的に学習に取り組む態度						
	評定						

特 別 の 教 科　道 徳

学年	学習状況及び道徳性に係る成長の様子
1	
2	
3	
4	
5	
6	

外 国 語 活 動 の 記 録

学年	知識・技能	思考・判断・表現	主体的に学習に取り組む態度
3			
4			

総 合 的 な 学 習 の 時 間 の 記 録

学年	学 習 活 動	観　点	評　価
3			
4			
5			
6			

特 別 活 動 の 記 録

内　容	観点 / 学 年	1	2	3	4	5	6
学級活動							
児童会活動							
クラブ活動							
学校行事							

<table>
<tr><td colspan="2">児 童 氏 名</td></tr>
<tr><td colspan="2"></td></tr>
</table>

行 動 の 記 録

項　　目　＼　学　年	1	2	3	4	5	6	項　　目　＼　学　年	1	2	3	4	5	6
基本的な生活習慣							思いやり・協力						
健康・体力の向上							生命尊重・自然愛護						
自主・自律							勤労・奉仕						
責任感							公正・公平						
創意工夫							公共心・公徳心						

総 合 所 見 及 び 指 導 上 参 考 と な る 諸 事 項

第1学年		第4学年	
第2学年		第5学年	
第3学年		第6学年	

出 欠 の 記 録

区分＼学年	授業日数	出席停止・忌引等の日数	出席しなければならない日数	欠席日数	出席日数	備　　考
1						
2						
3						
4						
5						
6						

【執筆者一覧】（執筆順）

菅　　正隆（大阪樟蔭女子大学教授）

　　　　　　はじめに，本書の特長と使い方，Chapter 1，2，3，4　Unit 1

佐々木淳一（岩手県教育委員会主任指導主事）

　　　　　　Chapter 4　Unit 2

瀬谷　圭太（岩手県金ケ崎町教育委員会指導主事）

　　　　　　Chapter 4　Unit 3，4

瀧本　知香（和歌山県和歌山市立安原小学校教頭）

　　　　　　Chapter 4　Unit 5，6

三谷　崇浩（和歌山県和歌山市立東山東小学校）

　　　　　　Chapter 4　Unit 7，8

森川　英美（和歌山県和歌山市立藤戸台小学校）

　　　　　　Chapter 4　Unit 9，10

竹内　陽子（徳島県徳島市福島小学校）

　　　　　　Chapter 5　Unit 1，2

北野　　梓（大阪府富田林市立高辺台小学校）

　　　　　　Chapter 5　Unit 3，10

鈴江　裕子（徳島県徳島市新町小学校）

　　　　　　Chapter 5　Unit 4

岡野有美子（岡山県笠岡市立大井小学校）

　　　　　　Chapter 5　Unit 5，6

髙本　和寿（岡山県笠岡市立中央小学校）

　　　　　　Chapter 5　Unit 7，8

川村　典子（三重県鈴鹿市立合川小学校）

　　　　　　Chapter 5　Unit 9

【編著者紹介】

菅 正隆（かん まさたか）

大阪樟蔭女子大学教授。岩手県北上市生まれ。大阪外国語大学卒業後，大阪府立高等学校教諭，大阪府教育委員会指導主事，大阪府教育センター主任指導主事，文部科学省初等中等教育局教育課程課教科調査官・国立教育政策研究所教育課程研究センター教育課程調査官を経て，2009年4月より現職。文部科学省教科調査官時代，日本初の小学校外国語活動導入の立役者。英語授業研究学会理事。

著書に，『指導要録記入例&通知表文例が満載！小学校外国語活動新3観点の評価づくり完全ガイドブック』『日々の授業から校内研修・研究授業までフルサポート！小学校外国語活動・外国語授業づくりガイドブック』，『小学校外国語活動"Let's Try! 1 & 2"の授業&評価プラン』，『小学校外国語"We Can! 1"の授業&評価プラン』，『小学校外国語"We Can! 2"の授業&評価プラン』，『アクティブ・ラーニングを位置づけた小学校英語の授業プラン』，『成功する小学校英語シリーズ 3年生からできる！モジュールを取り入れた外国語活動START BOOK』（以上，明治図書），『平成29年改訂 小学校教育課程実践講座 外国語活動・外国語』（ぎょうせい）等多数。

指導要録記入例&通知表文例が満載！
小学校外国語新3観点の評価づくり完全ガイドブック

2020年4月初版第1刷刊 ©編著者 菅 　正　　隆
　　　　　　　　　　　発行者 藤　原　光　政
　　　　　　　　　　　発行所 明治図書出版株式会社
　　　　　　　　　　　　　　 http://www.meijitosho.co.jp
　　　　　　　　　　　　　　 （企画）木山麻衣子（校正）丹治梨奈
　　　　　　　　　　　　　　 〒114-0023　東京都北区滝野川7-46-1
　　　　　　　　　　　　　　 振替00160-5-151318　電話03(5907)6702
　　　　　　　　　　　　　　 ご注文窓口　電話03(5907)6668
＊検印省略　　　　　　 組版所 藤　原　印　刷　株　式　会　社

Printed in Japan　　　　　ISBN978-4-18-308621-1
もれなくクーポンがもらえる！読者アンケートはこちらから
→